Max Wilhelm Meyer

Eine Amerikafahrt 1492 und 1892

Dargestellt im wissenschaftlichen Theater der Urania

Max Wilhelm Meyer

Eine Amerikafahrt 1492 und 1892
Dargestellt im wissenschaftlichen Theater der Urania

ISBN/EAN: 9783743440678

Hergestellt in Europa, USA, Kanada, Australien, Japan

Cover: Foto ©ninafisch / pixelio.de

Weitere Bücher finden Sie auf **www.hansebooks.com**

Sammlung populärer Schriften
herausgegeben von der Gesellschaft Urania zu Berlin.
No. 18.

Eine

Amerikafahrt 1492 und 1892

Dargestellt im wissenschaftlichen Theater der Urania.

Von

Dr. M. Wilhelm Meyer.

Mit zahlreichen Zusätzen und Anmerkungen

in Bezug auf die

Entdeckungsgeschichte Amerikas und das Moderne Seewesen.

Mit Illustrationen.

BERLIN.
Verlag von Hermann Paetel.
1893.

QVI RATE VELIVOLA OCCIDVOS PENETRAVIT AD IDO
PRIMVS ET AMERICAM NOBILITAVIT HVMVM

CHRISTOPHORVS COLVMBVS LIGVR INDIARV PRIM INVEI 1492

ASTRORVM CONSVLT, ET IPSO NOBILIS AVSV
CHRISTOPHOR' TALI FRONTE COLVMB'ERAT

Christoph Columbus.

Nach einem Stiche des 16. Jahrhunderts von De Bry.

Erster Akt.

Erste Scene.

Prolog.

(Bei geschlossenem Vorhang.)

Eine neue Welt wurde entdeckt! Es ist uns heute ganz unvorstellbar, welche Aufregung sich der ganzen Menschheit bemächtigen mufste, als diese märchenhafte Kunde durch die alte Welt ging, die alte, morsche, kleine Welt, die erst eben begann, sich aus den dunklen Wirren mittelalterlicher Beschränktheit mühevoll emporzuarbeiten zu klareren, freieren Anschauungen.

Jahrtausende lang hatte die Menschheit, wo sie, beim alten Egypterreiche beginnend, ihre höchste jeweilige Kulturstufe erreicht hatte, ihre Kenntnifs von der irdischen Welt nicht über jenen, überall innig mit einander zusammenhängenden Länderkomplex von Asien, Afrika und Europa ausgedehnt, in dessen Mitte einstmals die Wiege der Kultur stand.

Zwar hie und da dämmerte wohl in einigen Menschen die vage Vermuthung von unbekannten Ländern jenseits des weltumfassenden Ozeans auf, und zur Griechenzeit redeten Geographen und Dichter von einer wundervollen, grofsen Insel Atlantis, die weit jenseits der Säulen des Herkules[1]) in jenem unergründlich weiten Westmeere liegen sollte, in dessen Wogen der Sonnengott, allabendlich hinabtauchend, die strahlenden Rosse umlenkte, um jenseits der Erdscheibe anderen Tages im Osten wieder aufzusteigen. Die Lehre von der Kugelgestalt der Erde, welche einst Ptolemäus[2]) bereits zum Dogma erhoben hatte, war ja kaum über den engsten Kreis hervorragender Geister hinausgedrungen.

Nun aber, als etwa seit einem halben Jahrhundert die Menschheit von der wunderbaren Kunst Guttenbergs[3]) profitirte und jene Ansicht über den Bau der Welt und unseres irdischen Wohnsitzes allmählich zum Gemeingut gebildeterer Kreise zu werden begann, nun hiefs es, ein praktisches Beispiel, einen unumstöfslichen Beweis von der Kugelgestalt der Welt zu geben; der Welt sage ich, denn die Erde war die

---

[*]) Man sehe die Anmerkungen und Zusätze am Ende des Textes.

Welt in der Anschauung jener Zeit, um welche die Sphären der Sonne
und aller übrigen Weltkörper sich zu Nutz und Frommen dieser zen-
tralen Weltkugel zusammenschlossen. Die Lehre des Kopernikus, der
damals 19 Jahre zählte, war in dessen Geiste noch nicht geboren.[4]

Aber wie gährte es damals in der gesamten Menschheit, welche
im Begriff war, eine neue Weltanschauung zu gebären! Auf allen
Gebieten des Wissens und menschlicher Fähigkeit arbeitete und suchte
man mit fieberhafter Erregung, denn überall fühlte man, dafs die alten
Ansichten und Zustände morsch und unhaltbar geworden waren, dafs
neue an ihre Stelle treten mufsten, deren Auffindung ihren Entdeckern
unermefsliche Schätze materieller oder ideeller Art von der erlösten
Menschheit eintragen mufsten. Das war eine grofse, grofse Zeit, in
vieler Hinsicht nach ihren guten und schlechten Seiten hin vergleichbar der unsrigen.

Wenn nun die Lehre von der Kugelgestalt der Erde richtig war,
so mufste ja zweifellos das reiche Indien, welches man bis dahin
vom Abendlande her nur glaubte erreichen zu können, indem man längs
der Küsten Afrikas hinsegelnd, diesen Erdtheil umschiffte, auch auf
westlichem Wege zu erreichen sein, wenn man das westliche Weltmeer durchkreuzte[5]. Hierauf hatte schon vor Columbus der gelehrte
italienische Kosmograph Toscanelli aufmerksam gemacht und eine Welt-
karte entworfen, auf welcher der asiatische Kontinent sich ganz um
die Erde herum, den grofsen Ozean mit einschliefsend, ausdehnte und
seine Ostküste etwa an der Stelle angegeben war, wo sich in Wahrheit die Ostküste Amerikas befindet. Toscanelli hatte auf dieser
Karte auch den Weg angegeben, auf welchem man vermuthlich am
besten dieses Indien erreichen konnte. Diese genau westlich ver-
laufende Linie begann bei den kanarischen Inseln. Unzweifelhaft ist
also Toscanelli als der eigentliche geistige Entdecker Amerikas zu
feiern, denn Columbus wurde erst durch diese Karte auf den Gedanken gebracht, diesen Weg wirklich zu gehen und hat ihn auch,
so weit es in seiner Macht stand, auf seiner ersten Entdeckungsreise
verfolgt[6].

Man hat deswegen Columbus seines Ruhmes berauben wollen[7],
aber, meine verehrten Anwesenden, die That, die That war doch hier
wohl das Hauptsächlichste; was hätte es uns geholfen, wenn dieser
neue Kontinent nur auf dem Papier stehen geblieben wäre und dann,
was für eine That war das!

(Der Vorhang erhebt sich.)

Die Schiffe des Columbus. Gezeichnet von H. Harder.

Zweite Scene.

Die Schiffe des Columbus bei ihrer Abfahrt von Palos.

(Die Scene stellt die drei Schiffe des Columbus mit geschwellten Segeln dar,
wie sie im Begriff sind, in die See zu stechen.)

Diese drei kleinen Fahrzeuge waren es, welche dem kühnen
Entdecker nach neunjährigen unermüdlichen Verhandlungen von der
spanischen Regierung überwiesen wurden, um mit ihnen das unbekannte
Weltmeer zu durchkreuzen. Ein wie kühner Entschluß dies war,
das können wir heute garnicht mehr nachfühlen. Man bedenke, daß
bis dahin kein Seefahrer des zivilisirten Abendlandes es gewagt hatte,
sich jemals auf mehr als ganz kurze Zeit außer Sicht des Landes zu
begeben. Es fehlten ja auch alle Erfahrungen und zuverlässigen Hilfs-
mittel der Orientirung auf offener See. Der Kompaß war allerdings
schon bekannt und zeigte den Schiffern ihren geraden Weg; auch ver-
stand man es, durch einfache Vorrichtungen die Geschwindigkeit des
Schiffes ungefähr zu bestimmen; ging also die Fahrt glatt, so konnte
man, mit Hilfe des Kompasses dieselbe Richtung stets innehaltend,
durch Aufzeichnung der zurückgelegten Meilenzahl auf einer Karte,
wohl ungefähr den Ort angeben, auf welchem man sich befinden
mußte, selbst wenn das Land einmal nicht in Sicht war. Endlich
wußte man ja selbst bereits im Alterthume, daß der Polarstern sich
um so höher über den Horizont erhebt, je weiter man sich nach Norden begiebt. Man konnte also die geographische Breite durch einfache Winkelmessung der Polarsternhöhe in roher Weise bestimmen,
wozu meistens das primitive Astrolabium angewendet wurde. Die
Messung geschah natürlich mit freiem Auge, da bekanntlich das Fern-
rohr erst mehr als ein Jahrhundert nach der Entdeckung Amerikas
erfunden wurde. Mit diesen Hilfsmitteln waren Fehler bis zu fünf
Breitengraden, gleich 45 geographischen oder hundert See-Meilen, keine
Seltenheit. Und nun gar, wenn ein Sturm das Schiff verschlug, das
mußte demselben sicheres Verderben bringen.

In diese Schrecknisse des offenen Meeres verwegenen Muthes
aus freiem Willen hineinzusteuern, wo der stets rege Aberglaube des
Seemannsvolkes die abenteuerlichsten Gefahren hinverlegt hatte, Wochen,
Monate lang auf unbekannter Fährte, wohin sich keine Menschenseele
bisher gewagt hatte, einem unbekannten Lande entgegen, dazu entschlossen sich diese heroischen Menschen, und ein nicht zu gering
anzuschlagender Triumph der felsenfesten Energie des Columbus muß
es genannt werden, daß es ihm gelang, 120 Menschen zu finden, die
mit ihm das Wagnis unternahmen.

Hier, auf dem größten der drei Schiffe, der Santa Maria[5]), schiffte sich der Admiral — Columbus — selbst ein, denn er, der Sohn eines einfachen Wollwebers aus Genua, hatte sich den Titel eines Admirals des Weltmeeres und die Würden und Rechte eines Vizekönigs der zu entdeckenden Länder von vornherein ausbedungen. Die beiden anderen Schiffe, die Pinta und die Niña, wurden von den Brüdern Pinzon befehligt, gewiegten Seeleuten, die sich dem Columbus angeschlossen hatten.

Und nun geht es mit vollen Segeln verwegen hinaus in die grenzenlose Wasserwüste! Was wird ihnen die Zukunft bringen? Die meisten, welche sie damals hinaussegeln sahen, werden einen Strich durch das Buch ihres Schicksals gemacht haben; denn als am 3. August 1492 diese Schiffe aus dem Hafen von Palos, welcher unweit von Cadix liegt, hinausliefen, werden wohl nur Wenige geglaubt haben, daß man diese kühnen Menschen jemals wiedersehen würde.

Was nun auf offener See geschah, welche Beobachtungen dort angestellt wurden, wie die Stimmung des Führers und der Mannschaft wechselte, darüber hat Columbus selbst ein ausführliches Tagebuch geschrieben, aber leider sind uns nur aus zweiter oder dritter Hand Auszüge daraus überkommen. Das Original ist verloren gegangen. So kommt es, daß wir über diese wichtigste aller Entdeckungen, was die Einzelheiten betrifft, nur Nachrichten besitzen, die fast nach allen Seiten hin angezweifelt werden können. Wir müssen den Vorhang herabziehen und die kleine Flotille ihren Weg ziehen lassen, der in seiner genaueren Lage wohl ewig unbekannt bleiben wird.

(Der Zwischenvorhang fällt.)

Zwischenscene.

Nur Folgendes läßt sich hierüber mit einiger Bestimmtheit, sagen, daß uns interessiren kann.

Columbus nahm zunächst seinen Weg nach Südwesten, um die Kanarischen Inseln zu erreichen, wo, wie schon gesagt, die Trace des Toscanelli begann. Dort angekommen, mußte eines der Schiffe ausgebessert werden, das bereits auf dieser kurzen Strecke bedenklichen Schaden erlitten hatte. Es wurde auch das ganze System der Takelung umgearbeitet. Dieser Zwischenfall beunruhigte jedoch die wagehalsigen Unternehmer nicht weiter. Sie stachen am 6. September in See, um nun endgültig die alte Welt zu verlassen.

Man bemühte sich, nach dem Kompaß genau westlich zu steuern;

gutes Wetter und günstiger Ostwind kamen dem Unternehmen sehr zu statten.

Am 13. September machte nun Columbus eine bedeutungsvolle Wahrnehmung, die den ersten Anstofs zu vielseitigsten Beobachtungen um den ganzen Erdball herum gegeben hat. Er bemerkte nämlich nicht nur, dafs seine Magnetnadel, welche ja seine einzige Führerin war, nicht genau nach Norden hinwies, sondern dafs diese Abweichung auch eine Veränderung mit der geographischen Lage des Schiffes erfuhr. Er entdeckte die Declination der Magnetnadel[9]). Diese geschah durch Anvisiren ihrer Lage gegen die Richtung des Polarsterns oder, wie der seemännische Ausdruck lautet, durch Peilung. Es war von höchstem Werthe, diese Thatsache entdeckt zu haben, und zwar vom theoretischen wie auch praktischen Standpunkte aus. Den Gelehrten wurde die erste Anregung gegeben, die Geheimnisse des Erdmagnetismus näher zu erforschen; die praktischen Seeloute erkannten hierdurch zuerst, dafs sie sich auf ihre Magnetnadel durchaus nicht allein verlassen dürfen, da der Weg, den sie ihnen weist, bei der nun entdeckten Veränderlichkeit ihrer Lage zum wahren Meridian offenbar keineswegs der gerade, d. h. kürzeste Weg sein kann[10]); sie wurden dadurch auf die Nothwendigkeit astronomischer Beobachtungen auf hoher See hingewiesen.

Columbus konnte natürlich nach Entdeckung dieser Thatsache nicht sogleich von seinem Entschlusse abweichen, genau nach der Magnetnadel zu fahren. Wenn wir nun heute wüfsten, welche Abweichungen von der Nordrichtung die Magnetnadel auf dem durchfahrenen Gebiete des Atlantischen Ozeans damals in Wirklichkeit aufwies, so könnten wir den Weg des Columbus und die Stelle seiner Ankunft in Westindien nachträglich wieder ermitteln. Leider ist die Lage der Linien gleicher magnetischer Deklination, oder fachmännisch ausgedrückt, der Isogonen mit den Jahren einer langsam fortschreitenden Veränderung unterworfen, welche nicht so gesetzmäfsig ist, dafs man sie auf vier Jahrhunderte zurück berechnen könnte. Es wird also wohl ein ewiges Geheimnifs bleiben, wo Columbus zuerst den Boden der neuen Welt betrat[11]).

Jedenfalls bewegte sich Columbus in jener Region an der Grenze zwischen der heifsen und gemäfsigten Zone, in welcher zu der betreffenden Jahreszeit regelmäfsig östliche Passatwinde wehen. Dieser glücklichen Wahl ist ganz besonders der Erfolg der Expedition zu danken. Hätte er diejenigen Gebiete des Ozeans gewählt, auf welchen man heute den kürzeren Weg durchschifft, so würde er in das Gebiet der Herbststürme gerathen sein, welche den kleinen Schiffen gewifs verderblich geworden wären und sie jedenfalls völlig deroutirt hätten[12]).

Aber gerade dieser günstige Umstand constanten Ostwindes begann nach einiger Zeit die Mannschaft der Schiffe zu beunruhigen. Wenn hier wirklich beständig Ostwind herrschte, wie sollte man dann jemals wieder nach der Heimath zurückkommen können? Gegen den Wind rudernd diese ungeheure Strecke zurückzulegen, war doch ganz unmöglich; und das Land, das verheifsene, goldstrotzende Land, wann sollte es endlich auftauchen? Vier Wochen lang ging es nun schon unaufhörlich westwärts, immer weiter entfernte man sich von der Scholle, welche für jene, das kühnste der Abenteuer unternehmende Menschen der Inbegriff der Welt war, und immer noch wollte die schreckliche Wasserwüste kein Ende nehmen. Wenn man nun überhaupt kein Land finden sollte und die Erde gröfser, weit gröfser war, als man angenommen hatte[13]), so mufsten sie Alle auf der nothwendigen Rückfahrt unrettbar Hungers sterben, wenn sie nicht bald sich zur Umkehr entschlossen. Ist es nicht ganz begreiflich, dafs das Schiffsvolk zu murren begann? Fernando Colon[14]), der Sohn des grofsen Entdeckers, schrieb hierüber folgendes: „Die Mannschaft war der Ansicht, der Admiral setze ihr Leben und ihre Sicherheit auf das Spiel, um seinen tollen Plänen zum Zwecke seines eigenen Vortheils nachzugehen. Sie wären schon mehr nach Westen vorgedrungen, als jemals Andere und dadurch wähnten sie ihre Pflicht erfüllt zu haben; noch weiter jenen Weg verfolgen, hiefse sich selbst das Grab graben und man müsse an die Rückreise denken, ehe es zu spät wäre, da sonst die Lebensmittel ausgehen könnten und auch weil die Schiffe, die sie gut kannten, schon in schlechtem Zustande wären. Die Klagen des Admirals gegen seine Leute würden ohnehin gegenstandslos bleiben, da er ein Fremder, ein Hergekommener wäre, dessen Ansichten die Gelehrten und vernünftigen Männer schon ohnehin bekämpften; ja es fanden sich Leute, die vorschlugen, dem Streit durch Ueberbordwerfen des Admirals ein Ende zu machen und dann zu sagen, er sei in die See gefallen, als er gerade beobachtete. Niemand würde sich darum kümmern, um zu erfahren, ob dies wahr sei[15]).“ Ohne Frage ging es also dem kühnen Seefahrer oftmals hart an den Leib, wenngleich es zu der oft poetisch verwertheten Meuterei doch nicht eigentlich gekommen ist.

Am härtesten wurde Columbus am 10. Oktober von der Mannschaft bedrängt und er rief die Gebrüder Pinzon, die Befehlshaber der beiden anderen Schiffe, zur Berathung zu sich. Es gelang auch diesmal dem Admiral, die Leute zu beschwichtigen und bis zum nächsten

Tage zu vertrösten. Abermals segelte man also weiter dem unbekannten Westen entgegen.

Welche Kämpfe mögen zu dieser Zeit die Seele des Columbus gefoltert haben? Setzte er nicht wirklich das Leben all dieser braven Menschen verwegen aufs Spiel? Aber doch das eigene selbst mit! Durfte er jemals unverrichteter Sache zurückkehren, er, dessen ehrgeizige und von Tausenden daheim belächelte Träume seit Jahren zwei grofse Reiche in Bewegung gesetzt hatten? Das war ganz unmöglich! Nun und nimmer hätte er sich dem Spotte einer ganzen Welt aussetzen dürfen. So schwebte er zwischen dieser Selbstqual und der mehr und mehr schwindenden Hoffnung, mit einem Schlage zu den höchsten Ehren, zu gröfstem Reichthum, zu fürstlicher Macht emporgehoben zu werden. Wie mögen starr Stunden und Tage lang seine Blicke auf den westlichen Horizont gerichtet gewesen sein, wo er all sein Glück von Tag zu Tag erhoffte aufdämmern zu sehen! Und da endlich — war es denn möglich! — sah sein von fieberhafter Erregung fast übermenschlich geschärftes Auge am Abend des 11. Oktober ein Licht am Horizonte aufdämmern. Niemand sonst erkannte es, niemand glaubte an die Richtigkeit der Wahrnehmung, und doch hatte der Admiral recht gesehen. Um 2 Uhr in derselben Nacht begrüfste ein Freudenschrei den Kanonendonner, welcher von der Pinta ausging und „Land in Sicht" ankündigte. Ein Matrose dieses Schiffes, Roderigo von Triana war es, der zuerst die Küste der neuen Welt gesehen hatte. Am dämmernden Morgen des 12. Oktober verankerten sich die Schiffe angesichts des neuen Landes, und die Mannschaft schiffte sich auf den Booten aus.

(Der Vorhang erhebt sich.)

Dritte Scene.

Die Ankunft des Columbus auf Guanahani.

(Die tropische Landschaft im Vordergrunde wird zunächst nur dämmernd beleuchtet. Es wird mehr und mehr Tag und endlich geht über dem Meer im Hintergrunde, die Nebel des Horizontes rotstrahlend durchdringend, die Sonne auf. Man sieht die Schiffe des Columbus in der Bucht vor Anker, während im Vordergrunde Indianergruppen, die teils um ein Feuer gelagert sind, neugierig der Ankunft der Fremdlinge entgegensehen.)

Welch ein Triumph war das für die Menschheit, welch unberechenbare Folgen für dieselbe zog dieses Ereignifs nach sich! Wir Alle, die wir die Früchte des Weltverkehrs der civilisirten Nationen

täglich und stündlich geniefsen, wir Alle müssen dankbar zurückdenken
an die That dieser kühnen Männer, welche das Feld aller Lebens-
regungen der Menschheit verdoppelte.

Mögen wir anderen Nationen wohl zugestehen müssen, dafs An-
gehörige derselben weit vor Columbus dieses Land entdeckt und
betreten haben: So ist es beispielsweise höchst wahrscheinlich, dafs
die Chinesen bereits in den ersten Jahrhunderten unserer Zeitrechnung
den Grofsen Ozean durchquerten und in Centralamerika landeten, das
seither unter dem Namen Fusang ungefähr dieselbe Rolle bei ihnen
spielte wie jenes Atlantis der Griechenzeit[16]), und ganz sicher ist, dafs
die Normannen auf ihren kleinen Kriegs- oder Vikingerschiffen um das
Jahr 1000 herum die Küsten von Labrador und Neuengland erreichten
und dort ganz unweit der gegenwärtig gröfsten Verkehrszentren der
neuen Welt Ansiedelungen gründeten, die sie Helluland, Markland, Vin-
land, d. h. Felsen-, Wald- und Weinland nannten und mit denen, in Verbindung mit den isländischen und grönländischen Kolonien der Normannen, mehrere Jahrhunderte lang ein regelmäfsiger Verkehr bestand,
bis er um die Mitte des 14. Jahrhunderts wieder einschlief[17]). Die völlige
Vergessenheit, in welche das Land inzwischen gerieth, berechtigt uns
zweifellos auch die Verdienste zu vergessen, welche das verwegene
Seefahrervolk der Normannen um die Entdeckung Amerikas besitzt.
Columbus erst entdeckte die neue Welt für die Zivilisation, er schenkte
uns nicht nur einen neuen Erdtheil, er schuf selbst aus der alten Welt
eine neue!

Dort im fernen Osten, wo die Heimath seit langen Wochen hinter
der Seehöhe verschwand, steigt, die Nebel mächtig zertheilend, die
Sonne empor. Drüben in der alten Welt steht in diesem Augenblick
das Tagesgestirn bereits mittäglich hoch im Süden, aber niemand ahnt,
welch ein weltbewegendes Ereignifs es heute bescheint.

Nur jene rothäutigen Indianer, die sich neugierig am Ufer zusammen-
schaaren, erregt das wunderbare, vorher nie gesehene Ereignifs auf
das gewaltigste. Was sind das für märchenhafte Fahrzeuge von nie
gesehener Gröfse und Pracht! Sind das Götter, welche über Blitz und
Donner Macht haben, der aus diesen schwimmenden Häusern ihnen
entgegenzuckt und -dröhnt. Und diese hehren weifsen Gestalten von
in ihren Augen übermenschlicher Schönheit, die jetzt, sie friedlich
grüfsend, an das Land treten, brachten sie die Botschaft einer himm-
lischen Verheifsung? In Wirklichkeit ging in den amerikanischen Völkerstämmen die Sage, die Götter seien weifshäutige Menschen und ein
solcher würde als Heiland demnächst erscheinen, sie von den Drang-

salen der Willkür und Knechtschaft zu befreien, welche die Tyrannen
ihres Landes ihnen auferlegt hatten[18]). War Columbus dieser Heiland?
Angesichts der festlichen und dankbaren Erinnerung, die wir heute
dem grofsen Entdecker entgegenbringen, lassen wir die Frage offen.

(Der Hauptvorhang schliefst sich.)

Zweiter Akt.

Vierte Scene.
Die „Saale" vor Anker in Nordenham.

(Zunächst einleitende Worte bei geschlossenem Vorhang. Dann erblickt man
am Quai von Nordenham die „Saale" vor Anker liegend und Ladung nehmend.
Zunächst Tagesbeleuchtung. Es wird dann Abend. Die elektrischen Lampen
am Ufer beleuchten das Schiff, bis auch diese erlöschen und völlige Dunkel-
heit eintritt.)

Das Erste, wonach Columbus wie auch alle späteren Entdecker
fragten, als sie den neuen Erdtheil betraten, war nach dem Golde, das
man hier in märchenhafter Fülle erwartet hatte. Nur am Golde hing
ihr Gedanke, das Gold allein hatte sie mit mächtiger Anziehungskraft
hierher geführt, nicht das Interesse an der Erweiterung menschlicher
Kenntnisse, nicht die begeisternde Empfindung von der unendlich hohen
Aufgabe der Zivilisation, welche die erste Pflicht der Entdecker und
Eroberer des neuen Erdtheils gewesen wäre. Decken wir mit dem
Schleier der Jahrhunderte die Sünden zu, welche in den Wirren dieser
gewaltigen Entdeckungszeit geschehen sind. Grofse, schöne, wohl-
organisirte Reiche, wie das peruanische Sonnenreich der Inka, sind
damals von blutigen Händen erwürgt worden, und Völkerschaften, deren
menschliche Gesittung höher stand, als die ihrer Eroberer, sind zu
Wilden geworden nur aus Verzweiflung über das bittere Unrecht, das
ihnen geschah. Doch nicht allzu grofse Vorwürfe dürfen wir gerechter
Weise auf jene Menschen schleudern, welchen inmitten ganz neuer Verhältnisse die erdrückend schwierige Aufgabe wurde, eine neue Welt
zu organisiren. Weit entfernt sowohl von der Hülfe wie von der
Kontrolle ihrer Mutterlande, ihrer eigenen Kraft und Fähigkeit über-
lassen, sollten sie über Völkerschaften regieren, die ihnen völlig unbekannt waren, und welche sie in der Anmafsung abendländischer
Kultur menschlich weit unter sich stehend erachteten[19]).

Wie anders sind die Verhältnisse inzwischen geworden! Die weifse
Menschenrasse regiert über den ausgedehnten Erdtheil, und einer nach

dem anderen sterben die Stämme aus, deren ureigenster Besitz einstmals diese Schätze eines Dritttheils unserer irdischen Welt waren[20]). Heute hängt der neue Erdtheil mit Millionen geistiger Fäden auf das engste mit der alten Welt zusammen, ja diese könnte ohne jene garnicht mehr bestehen. Wenn die Ozeanfläche, welche ehedem eine Schranke bildete, die den neuen Erdtheil Jahrtausende lang völlig abseits von allen Bewegungen unserer Kultur liegen liefs, sich unsorem Verkehr abermals verschlösse, viele Tausende von Existenzen würden hier zu Grunde gehen. Freuen wir uns deshalb, dafs immer inniger die Bande werden, welche uns mit der neuen Welt verbinden. Ein Dutzend Kabel[21]) bilden heute die Sprachrohre, durch welche unausgesetzt Tag und Nacht die neue Welt mit der alten sich unterhält, und tausende von Schiffen bevölkern den Atlantischen Ozean, auf welchen ein Strom von Menschen hin- und wieder zurückwogt und unermefsliche Schätze ausgetauscht werden. Eine einzige Schiffsgesellschaft, die des Norddeutschen Lloyd beispielsweise, hat in den letzten dreifsig Jahren allein über zwei Millionen Passagiere auf ihren amerikanischen Linien hin und her befördert.

Nichts vermag wohl die Fortschritte und die Segnungen unserer Kultur, welche wir der Thatkraft und dem Glücke des Columbus verdanken, besser zu illustriren, als eine Betrachtung der gewaltigen Fortschritte, welche das Seefahrtswesen seit den Zeiten der Entdeckung Amerikas aufzuweisen hat. Zur 400-jährigen Jubelfeier dieser That will uns deshalb nichts passender erscheinen, als hier im Geiste noch einmal die Fahrt nach Amerika zu unternehmen, so wie sie mit den heutigen imposanten Hilfsmitteln des Seewesens von Millionen oft in der alltäglichsten Stimmung der Selbstverständlichkeit unternommen wird.

Wir Deutschen gehen nach Amerika von Hamburg oder Bremen aus. Die Hamburger Packetfahrt-Gesellschaft sowohl wie der Norddeutsche Lloyd in Bremen verfügen über die mächtigsten und schönsten überseeischen Dampfer der Welt. Der rege Wettbewerb zwischen beiden grofsen Rhedereien schafft immer vollkommnere und elegantere Fahrzeuge. Wir wählen einen Dampfer der gröfseren dieser beiden Gesellschaften, des Norddeutschen Lloyd. ·

Da die Hafenerweiterungsarbeiten von Bremerhaven der immer wachsenden Gröfse der neuen Fahrzeuge nicht schnell genug nachkommen konnten, nehmen die gröfsten überseeischen Schiffe des Bremer Lloyd ihre Ladung in Nordenham ein, westlich auf dem linken Weserufer jenseits Bremerhaven. Dorthin begeben wir uns.

(Der Hauptvorhang erhebt sich.)

Der Koloss liegt noch still vor Anker und nimmt Nahrung für die weite Reise ein. So lange die Uferrampe seinen Eisenleib zum grofsen Theil verdeckt, können wir uns noch keine rechte Vorstellung von den Dimensionen desselben machen.

Es ist die „Saale“, welche wir aus den 49 grofsen transatlantischen Dampfern, die der Lloyd unter den ca. 150 Fahrzeugen seiner ganzen Flotte besitzt, zu unserer Reise ausgewählt haben. Der schwimmende Palast, der uns nun für eine Woche beherbergen soll, besitzt eine Länge von ca. 130 m, d. h. er ist drei- bis viermal länger, als unser ganzes Urania-Gebäude und sechsmal länger als die Santa Maria des Columbus, welche nur 23 m mafs. Die Breite der „Saale“ beträgt etwa 14, ihre Tiefe vom Deck bis zum Kiel 10 bis 11 m. Was solch ein dreistöckiges Haus beherbergen kann, ist schier unglaublich. Das Schiff hat 5000 Tonnen Inhalt; die gewaltige Maschine entwickelt eine Kraft von 7500 Pferden und frifst täglich mit 36 feurigen Schlünden, die sich unter den Kesseln befinden, 3400 Ctr. Kohlen, die Stunde kostet also 150 M. für Kohlen allein. Mit der Kraft, die sie hierdurch entwickelt, die Ersparnisse des irdischen Haushaltes aus alten Schöpfungs-perioden ausnützend, bewegt das schwimmende Haus in 7 bis 8 Tagen nicht nur seine eigene riesige Last, sondern auch die Bevölkerung einer kleinen Stadt über den Ozean. 1000 bis 1200 Passagiere finden auf solchem Dampfer Platz, ungerechnet die 200- bis 300-köpfige Mann-schaft. Dabei ist das von uns gewählte Schiff keineswegs das gröfste aus der Flotte des Lloyd: die beiden Schwesterschiffe „Spree“ und „Havel“ haben 7000 statt 5000 Tonnen Inhalt und ihre Maschinen ent-wickeln je ca. 13000 Pferdekräfte. Noch gröfsere Dimensionen besitzen der „Fürst Bismarck“ und die „Viktoria Augusta“ der Hamburger Packet-fahrt-Gesellschaft, deren Maschinen je 16000 Pferdekräfte entwickeln und die infolge dessen unter günstigen Umständen noch einige Stun-den früher als andere Schiffe Amerika erreichen können.

Aber ganz unerreichbar imposant ist die Kraftentwickelung des Lloyd, wenn man sie in ihrer Gesamtheit nimmt. Diese gröfste aller Rhedereien der Welt verfügt insgesamt über 196000 Pferdekräfte[22]), und es mag hier vergleichsweise angeführt werden, dafs das gesammte deutsche Heer in Friedenszeiten nur 100000 Pferde besitzt. Jene Maschinenpferde fressen denn auch im Jahre 16 Millionen Centner Kohlen, für 12 Millionen Mark. Mit der sich hieraus entwickelnden Riesenkraft umkreisen die sämmtlichen Lloydschiffe nicht weniger als 126 mal im Jahre unsern irdischen Planeten; nur dreimal schneller wälzt sich die Sonne scheinbar um den Himmel.

Es ist ein gar gewaltiges Stück Arbeit in den drei bis vier Tagen zu leisten, welche zwischen Ankunft und Wiederabfahrt solches Riesenfahrzeuges liegen, um diese gewaltige Menge von Nahrung für die Maschine sowohl, welcher die grofse Aufgabe bevorsteht, diesen Bau mit Eilzugsgeschwindigkeit durch die Wogen zu führen, als auch für die tausend und mehr Insassen des Schiffes an Bord zu schaffen[23]).

Man mag es sich denken, wie geschäftig das Schiffsvolk sich tummeln mufs, um in diesen wenigen Tagen den schwimmenden Palast von oben bis unten neu zu equipiren und schmuck und frisch wieder herzurichten. So geht beispielsweise nach jeder Reise das sämmtliche Geschirr in die Reparaturwerkstätten des Lloyd in Bremerhaven zurück, wo beständig 1500 Arbeiter beschäftigt sind, den Haushalt dieser Flotte in gutem Stande zu erhalten. Dort sind in ausgedehnten Magazinen alle Ersatzstücke reichlich vertreten. Das ist ein vielverzweigter Bazar, grofs genug, um eine ganze Stadt auszusteuern. Durchwandert man diese interessanten Werkstätten, so erblickt man wohl auch in dem riesigen Trockendock ein krankes Schiff, gar wehmüthig anzusehen, einem Menschen vergleichbar, der auf dem Operationstisch des Chirurgen liegt. Hundert Hände feilen, schneiden, hämmern, bohren, nieten an der klaffenden Wunde, welche sich der Riese im Kampfe mit den wüthenden Elementen in den Leib gerannt hat. Mit Zuversicht sieht der Schiffsbaumeister der Verheilung entgegen.

Ja, solch ein Schiff scheint wirklich ein lebendes Wesen und in unserer Saale pulst und pocht und rasselt es uns heute in der That schon viel zu sehr. Wir sind absichtlich hierher nach Nordenham gekommen, um eben diesen hochinteressanten Prozefs der Nahrungsaufnahme solch eines Schiffskörpers mit anzusehen. Die gewöhnlichen Passagiere werden durch kleine Dampfer, welche sie in Bremerhaven aufnehmen, aus der Wesermündung geführt, wo der inzwischen von Nordenham in dämmerndem Morgen abgefahrene grofse Dampfer sie erwartet.

Die ganze Nacht hindurch hat der Höllenlärm, welchen das Einladen der Kohlen in die „Bunker" und der übrigen Ladung in den unteren Schiffsraum verursacht, nicht aufgehört, und erst als das Schiff sich in Bewegung setzt, finden wir einige Ruhe.

Fünfte Scene.

Auf der Nordsee.

(Bei langsamer Aufhellung der Bühne befindet sich der Zuschauer an Bord
des Schiffes. Es zieht zunächst der Leuchtturm von „Rother Sand" vorüber, in
welchem, so lange die Dämmerung anhält, ein festes weisses Feuer leuchtet.
Der Turm zieht vorüber und wir gelangen in die offene See. Wir begegnen
dabei einem Segler und später einer Fischerflotille.)

Erwachend befinden wir uns bereits in der freien Ausfahrt der
Weser, in welche uns das sichere Feuer des Leuchtthurms von Rother
Sand geführt hat, der hier mitten aus den Wogen emporragt, unerschütterlich alle Schiffe mit seinem Leitstrahl begleitend, oder durch
Blitzfeuer vor gefährlicher Abweichung von der sicheren Strafse
warnend, welche hier in die verheifsungsreiche Fremde oder zurück in
die liebe Heimath führt.

An einem so klaren Tage wie heute ist dies wohl nicht schwer.
Ganz anders aber, wenn Stürme und Nebel den Seefahrer bedrohen.
Das Fahrwasser ist hier noch nicht tief, und es giebt deshalb nur
einen verhältnifsmäfsig engen Weg, den so tiefgehende Schiffe, wie
unser transatlantischer Dampfer, ohne Gefahr auf den Sand zu laufen,
gehen dürfen. Das feste Feuer des Leuchtthurmes, welches nur einen
schmalen Lichtstreifen in der Richtung des guten Fahrwassers hinaus-
wirft, wird durch die genau in Bezug auf die Kompassweisung bekannte
Richtung dieses Leitstrahls erkannt [24]). Will der Seemann sich nun nach
demselben genauer orientiren, so peilt er den Thurm zunächst an, d. h.
er bestimmt die Richtung, in welcher er das Feuer sieht, mit Hülfe
der Kompafsrose, über welche hin er nach dem Thurme visirt. Er
zieht auf seiner Seekarte durch den Leuchtthurm eine Linie in dieser
Richtung [25]); wenn er nun noch die Entfernung vom Leuchtthurm
kennt, so hat er damit den Ort seines Schiffes. Diese Entfernung
wird, wenn es inzwischen heller geworden ist, wie gegenwärtig, ganz
leicht durch die Messung der scheinbaren Gröfse des Leuchtthurms
bestimmt. Die wirkliche Gröfse ist dem Schiffer bekannt; je weiter
er sich nun vom Leuchtthurme entfernt befindet, je kleiner erscheint
derselbe natürlich. Die Vergleichung der scheinbaren mit der wahren
Gröfse wird mit dem Sextanten vorgenommen, einem Winkelmefsinstrument, das uns weiterhin noch mehr beschäftigen wird und dem
Seemann unentbehrlich ist. Diese so gefundene Entfernung in seiner
Seekarte auf die vorhin gezogene Linie abgetragen, giebt ihm den Ort
des Schiffes. Die Methode [26]) ist selbstverständlich nur gegen Morgen
oder am hellen Tage zu verwenden. Hier in der Wesermündung wird

dieselbe zwar überhaupt nur sehr selten in Verwendung kommen,
da eine Menge von Seezeichen aller Art, die zur Nachtzeit beleuchtet
werden, den sicheren Weg führen. Unter gewöhnlichen Umständen
kennen natürlich die Kapitäne des Lloyd diese heimathlichen Fahrwasser so genau wie die Taschen ihrer Uniform.

Die Fahrt geht inzwischen fröhlich weiter. Die See ist ruhig.
Das weiß gefiederte, anhängliche Volk der Möven umspielt die Masten,
bald dem Schiffe voraus eilend, bald sich überholen lassend und mit
Vorliebe über den heißen Hauch der Schornsteine hinwegschnellend.
Und auch da unten im Meere giebt es ab und zu Interessantes zu
sehen. Namentlich kommt in der Nordsee ein dickleibiger Delphin
(aus der Familie der meerbewohnenden Säugethiere, der Wale stammend),
der Tümmler, von den Matrosen Schweinefisch genannt, vor, der häufig
paarweise, Männchen und Weibchen zugleich, mit seiner großen
Rückenflosse aus dem Wasser im kurzen Bogen herausschnellt, um
plötzlich wieder spurlos zu verschwinden. Das ist dann eine fette
Beute, wenn man solch ein 5—6 Fuß langes Thier erhascht; aber diese
Tümmler sind gar geschickt und spielen den raffinirtesten Fischern
häufig Schabernack, indem sie mitten in einer Fischerflotille auftauchen und sich trotzdem selbst in seichtem Wasser bei einer Treib-
jagd, die zwanzig und mehr Barken gegen sie unternehmen, nicht
fangen lassen [27]).

Sechste Scene.

Dover.

(Es zieht das Leuchtschiff von South-Sand-Head vorüber; nicht weit davon
sieht man ein Wrack, dann erscheint zunächst ganz in der Ferne die englische
Küste, die sich immer mehr über den Wasserspiegel erhebt, bis endlich Dover
über den schroff abfallenden Kreidefelsen mit seinem Castell und dem Leuchtthurm sichtbar wird. Gegen Ende der Scene erheben sich Nebel über dem
Wasser, welche Anfangs noch von dem Lichte zweier Leuchtthürme durch-
drungen werden.)

Das Herannahen der englischen Küste wird zunächst durch ein
rothes Leuchtschiff, das hier verankert ist, angekündigt. Leucht-
schiffe, Seezeichen, Bojen, Tonnen machen auch hier, wie längs der
Küsten aller zivilisirten Länder, auf Untiefen oder sonstige gefährliche
Stellen aufmerksam und bezeichnen das Fahrwasser beinahe so, wie
die Chaussee-Bäume irgend einen anderen Weg [28]). Man kann längs
den Küsten, wenn die Elemente nicht allzusehr wüthen, garnicht fehlen.
Wehe aber dem Schiffe, das aus Unvorsichtigkeit oder durch die Gewalt
des Sturmes diesen vorgezeichneten Weg verläßt! Ganz besonders die

2*

Gefährlichkeit dieser Gestade Englands ist ja berüchtigt. Jenes Gerippe eines Schiffes, das wir dort aus den Wogen emporragen sehen, erinnert uns an manche Katastrophe, die hier, wenn auch meistens nur kleineren Fahrzeugen, den Untergang bereitete.

Mehr wie je ist hier dem Schiffer nach überstandenem Sturm oder nach einem Nebeltage Orientirung nöthig, um den Gefahren der klippenreichen Küste auszuweichen und die enge Einfahrt zwischen Dover und Calais richtig zu finden. Die englische Küste ist deshalb hier besonders dicht mit Leuchtfeuern besetzt.

Nähert man sich in der Nacht bei klarem Wetter dieser Küste, so giebt es ein sehr einfaches Mittel, mit Hülfe eines dieser Leuchtthürme allein die Lage des Schiffes zu ermitteln. Man benutzt hierzu die Kugelgestalt der Erde. Es läfst sich begreiflicherweise aus der Höhe des Leuchtthurmes leicht berechnen, wo die Strahlen desselben gerade noch die Erdoberfläche tangiren müssen, d. h. es läfst sich der Umkreis finden, innerhalb dessen man das Leuchtfeuer überhaupt noch sehen kann. Dieser Umkreis ist natürlich verschieden für verschieden hohe Standpunkte des Beobachters. Der Matrose, welcher im Mastkorb, dem „Schwalbenneste", Auslug hält, sieht das Leuchtfeuer früher als der Kapitän auf der Kommandobrücke; da man aber stets weifs, wie hoch man sich über dem Wasserspiegel befindet, d. h. fachmännisch ausgedrückt, wie grofs die „Kimmtiefe" des Horizontes ist, so kann man für jeden Leuchtthurm die Entfernung bestimmen, in welcher er für jedes Schiff zuerst auftauchen mufs. Es ist dann unmittelbar einleuchtend, dafs man durch Peilung des eben am Horizonte aufglimmenden Leuchtfeuers sofort den Ort seines Schiffes erkennt, der durch Richtung und Entfernung von dem bekannten festen Punkte der Küste ja gegeben ist[29]).

Glückt diese Beobachtung des ersten Aufleuchtens nicht, oder nähert man sich, wie es gegenwärtig bei uns der Fall ist, am Tage der Küste, so kann man sich durch zwei verschiedene, gleichzeitig sichtbare Objekte orientiren, indem man beide zugleich peilt; der Schnittpunkt der beiden, auf der Seekarte eingezeichneten Standlinien giebt dann den Ort des Schiffes[30]).

Mehr und mehr nähern wir uns nun dem in einer grünenden Thalmulde zwischen schroffen Kreidefelsen eingebetteten lieblichen Dover. Nicht gar so wildromantisch und schreckenerregend erscheinen uns vom Schiffe aus diese berühmten Felspartien, welche namentlich durch Shakespeares Dichtung im „König Lear" bekannt geworden sind, während diese poetischen Schilderungen wohl besser zu jenen wilden Uferpartien der Insel Wight passen, welche wir noch zu besuchen gedenken.

Auf den weifs strahlenden Klippen von Dover ist ein mächtiges Kastell errichtet, von welchem finstere Kanonenschlünde auf das Meer hinabdrohen. Kein feindliches Fahrzeug würde jemals glücklich durch diese Enge schlüpfen können; aber unser befreundetes Schiff ist längst erkannt; der Telegraph hat es nach der Heimat gemeldet, dafs wir planmäfsig unsere Fahrt zurückgelegt haben.

Wir aber halten uns nicht auf; ohne Unterbrechung, ja ohne die Geschwindigkeit zu mindern, schraubt sich das Schiff in den Kanal hinein, durch welchen ein Gewimmel von Schiffen den Reichthum zweier Welten mit einander austauscht.

Siebente Scene.

Nebel im Kanal.

(Die Nebel werden dichter und gleichzeitig bricht der Abend herein. Unser Schiff zündet seine Signallichter an und giebt in immer kürzeren Intervallen Nebelhorn-Signale, die bald aus der Ferne erwidert werden. Man sieht alsdann durch den dichten Nebel die Signallichter eines anderen Schiffes, das plötzlich hart an uns vorbeizieht.)

Hier im Kanal heifst es deshalb ganz besonders aufpassen. Der ungeheure Kolofs, einmal mit Eilzugsgeschwindigkeit durch die Wogen dahinschiefsend, hat eine so gewaltige Menge lebendiger Energie im hausschweren Körper, dafs es unmöglich ist, ihn plötzlich zum Stehen zu bringen, wenn etwa durch eine unvorsichtige Wendung ein anderes Schiff ihm in den Lauf geräth. Ihm selbst, dem Riesen, zwar wird es dabei nicht ans Leben gehen, denn ebenbürtige Schiffe, die ihm gefährlich werden könnten, sind selten und werden sich gegenseitig stets in respektabler Entfernung vom Leibe zu bleiben wissen. Aber es ist gewifs keine minder entsetzliche Empfindung, mit dem eigenen, messerscharfen Kiele den Leib eines anderen Fahrzeugs mitten durchzuschneiden; wie es denn in der That letzthin einem Vollschiff, d. h. einem grofsen dreimastigen Segler passirt ist, dafs er in wenigen Sekunden von einem transatlantischen Dampfer in zwei vollständig von einander getrennte Hälften gefahren wurde, die glücklicherweise ihre offenen Seiten nach oben kehrten, so dafs sie nicht sofort sanken und die Mannschaft gerettet werden konnte[31]). Aber welche Todesangst hatten die Insassen beider Schiffe während dieses fürchterlichen Anpralls empfunden! Was ist der dröhnende Schlag, mit welchem unsere kolossalsten Dampfhämmer die Erde ringsum erzittern machen, gegen den

Rückstofs, den eine so ungeheure Masse erfährt, deren rasende Geschwindigkeit in einer Sekunde zum Stehen gebracht wird! Nur wer aus einer solchen Katastrophe glücklich sein Leben gerettet hat, kann sich eine Vorstellung von ihren Schrecken machen.

Und nun steigen auch Nebel auf, eine leider durchaus nicht seltene Erscheinung im Kanal, wie Jedermann weifs. Sie bringen dem Seemann in dieser Gegend die gröfste aller Gefahren seines verantwortlichen Berufes. Nicht der wüthendste Sturm auf hoher See wird so gefürchtet von ihm, wie dieser dicke Nebel im Kanal[32].

Er macht alle Orientirung unmöglich. Weder Seezeichen und Leuchtthürme, noch die Sonne oder die Sterne sind sichtbar. Wohl geben die Leuchtthürme auch Schallsignale, aber dieselben sind bei weitem nicht so weit und sicher erkennbar, wie ihre Lichter. Zwar unser transatlantischer Dampfer wird seinen Kurs kaum verfehlen können; denn bei Nebel ist ja die See gewöhnlich ruhig und vollkommene Windstille herrscht. Mit Kompafs und Schiffsgeschwindigkeit, welche durch die Umdrehungen der gewaltigen Propellerschraube mit grofser Sicherheit angegeben wird[33], findet der Seemann auch hier seine Strafse ganz genau, wenn eben die Elemente ihn nicht gewaltsam deroutiren. Aber die hunderte von kleineren Schiffen, welche den Kanal nach allen Richtungen durchkreuzen, sind ihrer Sache nicht so sicher. Nach diesen mufs beständig Auslug gehalten werden. Der gewissenhafte Kapitän darf Tag und Nacht seinen schweren Posten auf der exponirten Kommandobrücke nicht verlassen. Jeder Augenblick kann die gröfste Gefahr bringen, jede Sekunde Verzug den Untergang von hunderten von Menschen unvermeidlich machen.

Warnend ertönt das Nebelhorn durch die dichter und dichter werdenden Nebel. Uns durchbebt der markerschütternde Ton jedesmal wie ein gräfslicher Angstschrei. Da das Auge gegenüber diesem das Tageslicht mehr und mehr verdunkelnden Nebelgewebe unvermögend wird, mufs das universellere Ohr seine Stelle vertreten. Aber auch den Schallwellen setzt der Nebel erheblichen Widerstand entgegen; auch dieses Mittel bietet deshalb nicht immer genügende Sicherheit: Der oft scheinbar aus weiter Ferne herkommende Schall gehört vielleicht einem ganz nahe befindlichen Schiffe an.

Und hören wir nicht soeben wirklich, wie unsere Nebelsignale erwidert werden? Erst leise, dann immer lauter dringen zu uns aus der ungewissen Nacht über den dunklen Wassern her die dumpf dröhnenden Laute. In der That, ein Schiff ist in der Nähe! Längst schon fahren wir nur noch mit halber Geschwindigkeit; nun heifst es, sie noch weiter vermindern. Die Signallaternen sind aufgehifst: rechts in der Fahrrichtung auf Steuerbord ein grünes, links auf Backbord ein rothes Licht.

Und dort, in scheinbar weiter Ferne, taucht jetzt gleichfalls ein grünes Licht auf. Das Schiff mufs ganz nahe sein. Richtig: Mit einem Male steigen gespenstisch die dunklen Umrisse eines prächtigen Dreimasters auf; mit unheimlicher Schnelle dehnen sie sich aus, als wollten sie zum Himmel wachsen. Die Unglücklichen segeln schnurstracks auf uns zu. Mit wahrhaft riesenhafter Anstrengung wendet unser Dampfer, der in vier Minuten einen Halbkreis zu beschreiben im stande ist, sich nach links um. Scheinbar für uns ist es der Segler, welcher wendet; der aber ist in Wirklichkeit ganz unbeweglich in dieser Windstille und machtlos den drohenden Gefahren ausgesetzt.

Dank der fabelhaften Beweglichkeit unseres schwimmenden Riesen ist die Gefahr glücklich vorübergegangen. Die gespenstigen Schatten des Seglers werden wieder kleiner. Wir können unsern alten Kurs wieder aufnehmen und gelangen endlich gegen Abend glücklich in den Hafen von Southampton, wo wir, um noch einen schnellen Ausflug nach der nahen und so wunderreichen Insel Wight machen zu können ans Land gehen.

(Der Hauptvorhang fällt.)

Dritter Akt.

Achte Scene.

Der „Liebespfad" auf der Insel Wight.

(Indem sich nach den einleitenden Worten der Hauptvorhang öffnet, erblickt man einen Waldweg. Durch das Dunkel des üppigen Laubdaches dringt flimmernd von oben her in leuchtendem Grün das Tageslicht, ohne einen Durchblick zu finden. Die mächtigen Buchenstämme sind von Moos und Epheu vielfach ganz umrankt. Links vorn am Wege steht ein einfaches Landhaus mit Strohdach; der vorspringende Eingang, wie auch die ganze Vorderseite des Häuschens ist mit Rosen überwachsen.)

Von Southampton aus ist die Insel Wight, ein Stück Italien in England, wie man es nennt, ein Stück Paradies auf der Erde, wie ich es nennen möchte, auf einem kleinen Dampfer in etwa einer Stunde zu erreichen. Man landet im Hafen von Cowes, unweit des reizenden Landsitzes der Königin Victoria, dem Schlosse Osborne.

Die Insel besteht zumeist, wie die nördlich und südlich gegenüberliegenden Küsten von England und Frankreich, aus einem mächtigen Kreidefelsen, den der durch den Kanal im gewaltigen Pulsschlag der Fluthbewegung hin und zurück wogende Ocean noch nicht verschluckt hat, an dem er aber beständig wühlend nagt. So ist also die Insel Wight mit unserm heimathlichen Rügen, das wir auf einer anderen Wanderung hier bereits kennen lernten, nahe verwandt, nur dafs hier auf Wight das Felsgeklüft noch wilder, höher, romantischer emporstrebt. Und wie überall die Bodenbeschaffenheit einen wesentlichen Einflufs auf den landschaftlichen Charakter, ja selbst auf die Vegetation ausübt, erkennen wir auch hier, wo in noch viel reicherer Entfaltung als die wundervollen hohen Buchenwälder Rügens sie aufweisen, ein wilder Zaubergarten, von allen gröfsten Poeten Englands vielfach besungen, sich über das Eiland ausbreitet.

(Der Hauptvorhang erhebt sich.)

Welch ein Gegensatz zu den weiten Landschaften der wogenden Wasserfläche, welcher bisher unsere Blicke zugewendet waren! Hier sind wir eng umfangen von grüner Wildnifs, vom lauschigen Helldunkel des Walddickichts. Die Natur flüstert hier nur ganz leise aus leicht bewegten Zweigen, als wolle sie hier, unbelauscht von aller Welt, uns ihre tiefsten Werdegeheimnisse anvertrauen. Und dieses stille Waldweben offenbart uns wirklich, wenn wir mit offenen Augen und offenem Herzen uns in seine Mysterien vertiefen, des Wunderbaren so unendlich viel! Das ist ein Gotteshaus, dieser grüne Dom mit den tausend lichtdurchwobenen Blätterarabesken dort oben, in dem es sich mit unendlich freierer Seele beten läfst zum unergründlichen Geiste der Natur, als zwischen dumpfem, drückendem Mauerwerk. Hier opfert, hier betet jede Kreatur: Der Vogel in den Zweigen, dessen Lied hoch aufjauchzt in dankbarem Entzücken; die Waldblume, tief versteckt unter Kraut und Moosgestrüpp, aus deren zitterndem Kelche es herabträufelt wie von Thränen heiliger Wonne. Und der Falter, der sich träumerisch in den Lüften wiegt, führt ihn nicht eine gemeinsame Empfindung suchend durch den Hain, welche auch die schaffende Natur durchdringt von den kreisenden Sonnen des Himmels bis zu den lebendigen Fünkchen, die in lauer Sommernacht durch Gebüsch und Wiesengrund schwärmen: die gemeinsame Empfindung, deren höchste Idealisirung alle Menschen aller Zeitalter ihre Gottheit nannten, der Werdetrieb, die schöpferische Liebe?

Was braucht dieses Paradies jener anderen Sonne dort oben hinter dem dichten Flechtwerk der Zweige, die hier und dort verstohlen ein Streiflicht flimmernd durch das leise wogende Laubdach wirft, wie ein Neugieriger, der noidisch diese Freuden einer sich selbst genügenden Natur belauschen möchte!

Wie aus einem Märchen hierher gezaubert steht inmitten der idyllischen Einsamkeit diese Hütte, von Rosen ganz umkränzt. Dort wohnen Menschen, welche die Natur über alles lieben. Aus der nebelumhüllten, gewaltigen Metropole Grofsbritanniens, die doch in zwei bis drei Stunden von hier zu erreichen ist, flüchtet sich hierher der Ruhe Suchende. Er findet auf der glücklichen Insel im Sommer wie auch im Winter eine milde, wohlige Temperatur. Dieses insulare Klima ist es eben, welches diese üppige Vegetation hervorrief und das Fortkommen südlicher immergrüner Gewächse, wie des Lorbeer, der Myrthe, der Cypresse, der Stechpalme ermöglicht. Das nahe Meer, das draufsen, doch hier längst unhörbar, an dem schönen Eiland ohne Unterlafs gefräfsig nagt, bekränzt das eigene Opfer mit verschwenderischer Blumenpracht, ehe es dasselbe unrettbar verschlingt. —

(Der Zwischenvorhang fällt.)

Zwischenscene.

Wir sind, von Freshwater Bay kommend, durch diese wild paradiesischen Gärten gewandert, um die westlichste Spitze der Insel, die berühmten Needles zu erreichen. In der ganzen Welt findet man so wunderbar kontrastreiche Landschaften auf so engem Raume nicht wieder zusammengedrängt, als bei dieser Wanderung von kaum einer Stunde. Schon in Freshwater Bay begegneten wir am Gestade jenen grotesken Felsbildungen, welche von der Gefräfsigkeit des Meeres beängstigende Kunde geben. Eines der Kalkriffe, welche aus den blauen Wogen mit ihrem weifsen Steingeripp hervorragen, bildet ein vollständiges Thor, deutlich an eine der Faraglioni auf Capri erinnernd; ein anderes, spitz zulaufendes Riff trägt oben auf den deutlich schräg abfallenden Schichtungen ein überall wie ein Hut vorragendes Stück Humus, Erdreich und Gras, ganz in derselben Horizontallinie, wie der Wiesengrund des einige Zehner von Metern entfernten Ufers. Es zeigt deutlich, wie die ehemals zwischenliegende Felspartie von den Wogen hinweggerissen wurde.[34] Ja, hier sieht man eine Strafse schnurstracks vom Abgrund, der fast senkrecht ins Meer führt, abgeschnitten. Geht man oben weiter über die Wiese nach Westen, so sieht man auf langen Strecken des Weges breite Furchen im Erdreich,[35] die in einigen Metern Entfernung von der überall hier jäh zum Meere abfallenden Felswand, der vielfach ausgebuchteten Uferlinie genau parallel laufen: Hier hat

sich das Meer bereits seinen nächsten Bissen abgetheilt, um ihn bei
guter Gelegenheit, wenn der Sturm unten die weifsen Köpfe der Wogen
gegen die morschen Kalkfelsen peitscht, dafs das Erdreich rings erdröhnt, in seinem dunklen Schlunde zu begraben. Aengstlich weichen
wir diesen Furchen aus und wagen uns nicht näher an den mehr
als hundert Meter tiefen Felsabhang, wo unten, zwischen Wasser,
Himmel und drohender Felswand Möwen und Sturmvögel lautlos
kreisen. Geheimnifsvoll, ruhelos murmelnd dringt von der weifsen
Brandungslinie her nur ein leiser Laut zu uns empor. Wir suchen einen
sicheren Pfad, um hinab zum Fufse dieser Felsen zu gelangen, wo
wir sie besser übersehen können.

(Der Zwischenvorhang erhebt sich.)

Neunte Scene.
Die Needles im Mondschein.

Es erscheinen die Needles mit dem Leuchtthurm zunächst in dämmernder,
dann in Mondscheinbeleuchtung. Zwei grofse Dampfer ziehen jenseits der Kalkriffe an einander vorüber und tauschen Lichtsignale mit einander aus.)

Bei anbrechender Nacht erreichen wir das Ziel unserer heutigen
Wanderung, die romantisch zerklüftete Westspitze der Insel mit den
bereits von ihr losgerissenen Felsgruppen der sogenannten Needles,
Nadeln, vor deren westlichster warnend ein Leuchtthurm aufragt.
Wie wir sie jetzt von der Südseite sehen, erscheinen sie zwar ziemlich breit, sie spitzen sich jedoch nach oben etwa meifselförmig der-
artig zu, dafs sie von Westen gesehen, in der That wie scharfe Nadeln,
vom Seemann gar sehr gefürchtet, gespenstisch aufragen.[36])

Wie unendlich verschieden sind die Gedanken, welche diese
Landschaft in uns erweckt, von denen, die in unsere Seele beruhigend
einzogen, als wir auf halbem Wege zu diesem starren Klippengestade
unter dem schwanken Laubdach des Waldwegs wanderten! Dort
idyllische Ruhe einer still wirkenden Natur, die keinen Kampf, keine
Zerstörung zu kennen scheint, hier überall die Spuren des wüthendsten
Gigantenkampfes, den die Erdscholle ewig, seit sie einst vor Urzeiten
dem dunklen Schoofse der Wogen entsprang, mit dem mütterlichen
Meere führt, das sein eigenes Kind immer und immer wieder verschlingt, wenn es neugeboren abermals emporgestiegen war. Hier
sehen wir den mächtigen Pulsschlag der Ewigkeit vom Welt umfas-
senden Meere her, Welle um Welle, hin und wieder rollen, und die
Schauer der Unendlichkeit wehen uns von der umflorten Grenze
zwischen Meer und Firmament geheimnifsvoll entgegen dort, in der

Waldeinsamkeit war alles intim und lauschig eng umgrenzt, recht wie es erquickend zum stillen Herzen sprechen konnte, und alles lebte dort und quoll und blühte und freute sich des Daseins; hier umgeben uns rings die schrecklichen Mächte der Zerstörung, unbeugsame, empfindungslose Gewalten. Zwar scheint ein Leben in diesem pulsenden Meere, es ist ein fürchterlicher Riese, der mit seinen Armen die ganze Welt umklammert und aus gewölbter Brust nur zweimal des Tages tief aufathmet, Fluth und Ebbe erzeugend; wir bewundern und fürchten diesen Riesen, er ist erhaben, majestätisch zwar wie das Sternenge- wölbe mit seinen unerreichbar weiterflimmernden Weltenschwärmen, aber uns in seiner ebenso unfaßbaren Größe doch so erschreckend nahe, ein Uebermenschliches, dem wir und die Scholle, welche uns trägt, ohnmächtig preisgegeben sind.

Wie gebrochene Rippen eines Riesenleibes, den das Meeresunge- heuer verschlungen hat, ragen diese Felsen auf, eine Phalanx gegen Westen hin bildend, wo die Insel ganz spitz zulaufend, unmittelbar die ganze Wucht der fürchterlichen Weststürme zu ertragen hat, welche den atlantischen Ocean wirbelnd durchqueren, gewaltige Wassermassen in berghohen Wogenschaaren vor sich her durch die enge Strafse des Kanals treibend. Eine nach der anderen fallen diese Felsennadeln dem wüthenden Elemente zum Opfer. Dort, wo heute jener Leucht- thurm aus dem Meere aufragt, stand einstmals eine eben solche Fels- rippe wie diese beiden, welche, ebenso wie jene, dem sicheren Unter- gange geweiht sind.

Nur einen ganz schmalen Arm hat sich bisher das Meer an dieser Stelle zwischen der Insel Wight und der Küste von Alt-England durchbrochen und gerade diese Enge müssen die meisten transatlan- tischen Dampfer passiren. Wenige hundert Meter Abweichung vom Kurse würden sie auf das gefährliche Klippengestade von Wight oder andererseits auf die Untiefen des englischen Gestades führen. Selbst- verständlich führen auch hier bei gutem Wetter eine große Anzahl von Seezeichen aller Art den sicheren Weg, und ganz besonders bei der Ausfahrt von Southampton wird der Steuermann auf der kurzen Strecke zwischen dem Hafen und den Needles seinen Kurs kaum ver- lieren können.

Anders aber steht es bei der Einfahrt. Es kann sich ereignen, dafs das Schiff aus der offenen See kommend, wegen der oft unver- meidlichen Kursabweichung auf der achttägigen Fahrt die vorangehenden Leuchtfeuer der englischen Küste nicht in Sicht bekommt, z. B. das vom Ocean her zuerst erreichte „revolving light" von Bishop Rock, das rings über die See hin nach Schiffen suchend, seinen beweglichen Strahl, einem ungeheuern Kometenschweife ähnlich, hinstreichen läfst, oder die beiden Leuchtthürme am Kap Lizard, oder endlich das auf einsamem Felsen vor dem Kriegshafen von Plymouth errichtete Eddystone-Light-house. Es ist wegen Nebel auch sehr wohl möglich, dass auf der etwa zehnstündigen Fahrt von Kap Lizard, welches die von Amerika kommenden Schiffe in der Regel telegraphisch dem Rheder zu melden pflegt, der richtige Kurs wieder verloren geht, bis man in diese Meerenge, den Solent, gelangt, den ein Ruderboot in einer halben Stunde zu durchquoren vermag. Da kann es denn kommen, dafs menschliches Irren trotz aller Vorsicht die Bevölkerung eines Schiffes in grofse Gefahr bringt. So geschah es im letzten Frühjahr mit der unglücklichen Eider, welche im Nebel zu südlich gesteuert war, an dem Leuchtthurm hier diesseits statt jenseits vorbei lief, ohno es zu bemerken, und alsdann auf einem Felsen an der Südküste von Wight strandete. Glücklicherweise wurden bekanntlich auch hier alle Passagiere und Mannschaften heil und trocken ans Land gebracht, während das Fahrzeug selbst, ein Koloss, der einstmals einen Werth von 3 bis 4 Millionen repräsentirte, jetzt träge, nutz- und werthlos im Hafen von Southampton liegt.[37])

Dort, die beiden Schiffe, welche sich soeben in der Einfahrt des Solent kreuzen, haben richtige Kurs. Sie begrüfsen einander durch Lichtsignale und geben ihre Namen an. Tagsüber unterscheidet man bekanntlich die verschiedenen Dampferlinien durch ihre Schornsteine. Der Bremer Lloyd hat gelbe Schornsteine, die Hamburger Packetfahrt-Gesellschaft weifse mit einem schwarzen Rande oben. In der Nacht geben Lichter die Rhedereigesellschaft an. Das hinausfahrende Schiff hier, welches rothe in blau übergehende Signale giebt, ist ein Lloyd-schiff. Es mahnt uns daran, nach Southampton zurückzukehren, um unsere Seefahrt nach dem neuen Kontinente wieder aufzunohmen.

(Der Zwischenvorhang fällt.)

Zwischenscene.

Welche enormen Werthe schwimmen durch jene enge Wasser-strafse des Solent beständig hin und zurück! Wenn irgend ein Anblick den Geist des Columbus mit triumphirendem Stolze erfüllen könnte, so wäre es dieser! Wo vor vierhundert Jahren sich nur kleine, von den Launen der trügerischen Witterung abhängige Nufsschaalen ängstlich längs der Küstensäume hinschlichen, da stechen jetzt, unbekümmert um alle Elemente, prunkende Paläste mit rasender Geschwindigkeit unerschrocken, unentwegt in die hohe See, ihre weite Fahrt in sechs bis sieben Tagen mit einer so sicheren Innehaltung der Fahrzeit ausführend, beinahe als gelte es eine Reise auf festem Lande. Wir haben uns inzwischen wieder auf das Schiff begeben, das uns nun in den Ocean hinausführt. Da nun draufsen nichts weiter als die weite Wasserfläche, die bei ruhigem Wetter eben nicht viel Interesse bietet, zu sehen ist, ziehen wir uns in die Innenräume zurück. Auch haben inzwischen die Töne des Gong zur Mittagstafel geladen.

(Der Zwischenvorhang erhebt sich.)

Zehnte Scene.

Die Tafelrunde im Speisesaal des Schiffes.

(Beim Aufgehen des Vorhangs hört man die letzten Akkorde eines Musikstückes. Die Scene stellt den Speisesaal des Dampfers dar, in welchem die Schiffsgesellschaft, der Kapitän an der Spitze, sich bei Tafel befindet. Die Stewards serviren.)

Würde man es wohl glauben, dafs man sich auf weiter Wasserwüste, bereits weit entfernt von allen Centren der Civilisation, ja von jeder menschlichen Behausung befindet, wenn man diesen mit allem Luxus und Comfort unserer verwöhnten Zeit ausgestatteten Raum betritt, wo man eine fröhliche Gesellschaft bei den erheiternden Klängen der Schiffskapelle allen exquisitesten culinarischen Genüssen sich hingebend vorfindet, welche hüben wie drüben nur die allerrenommirtesten Gasthäuser in gleicher Güte und Eleganz zu serviren im stande sind? Da fehlt auf der Tafel nicht der erfreuende Schmuck frischer Blumen — hunderte von Meilen weit wurden sie von ihren Schwestern getrennt — nicht an täglich mehrmals frischem Backwerk, oder an Eis, das zur Kühlung der Getränke verwendet, in den an Bord befindlichen Eismaschinen fabrizirt wird. Elektrische Beleuchtung ist eine selbstverständliche Sache.[38]) Leichter als je sonst auf Reisen schliefst sich die Schiffsgesellschaft zusammen. Die Tafelrunde, vom graubärtigen, biederfreundlichen Kapitain präsidirt, scheint eine einzige, grofse, fröhliche Familie zu sein. Die völlige Abgeschiedenheit von der ganzen übrigen Welt bewirkt diesen leichten Anschlufs ganz naturgemäfs.

Und es ist wahrlich eine gar seltsame Empfindung, welche den mitten im komplizirten Getriebe unserer modernen Civilisation Stehenden, in dessen Händen oft tausende von Fäden des Weltgeschehens zusammenlaufen, beschleicht, wenn er so eine ganze Woche lang ohne allen Einflufs auf den Fortgang der Geschicke, die ihm anvertraut

wurden, ja ohne alle Kenntnifs irgend welcher noch so erschütternden
oder erfreulichen Ereignisse, sei es innerhalb seiner eigenen Familie,
seines Amtes, oder seines Staates oder endlich der Weltpolitik, zu
verbringen hat. Man denke, acht Tage lang keine Zeitung! Aber
hat diese Abgeschlossenheit nicht auch ihre wohlthuende Seite? Der
nervös hastende Geist, der schiebend oder geschoben werdend, sich
auf dem Lande selbst in Urlaubszeiten selten ganz und gar aus den
zu sehr verschlungenen Fäden des Weltgetriebes zu wickeln vermag,
hier ist er ganz frei; seine Ruhe ist ihm weniger zu stören als die
des verborgensten Klausners in der Gebirgseinöde.

Und solch ein Klausnerleben darf man sich angesichts dieser
schwerbeladenen Tafel wohl acht Tage lang gefallen lassen! Wenn
es draufsen einigermafsen ruhiges Wetter ist und man deshalb nicht
durch das Schwanken des Schiffes daran erinnert wird, so vergifst man
bei fröhlichem Geplauder, heiterem Gläserklingen und schmetternder
Tafelmusik völlig, dafs man über einer weiten, wunderbaren Welt mit
Windeseile hinfliegt, wie etwa ein Luftballon über Feld und Wald;
über einer Welt, die fast dreimal so grofs ist, wie die wenigen Erd-
schollen, welche aus dem meerumflossenen Planeten auftauchen. Wie
schade, dafs schon in wenigen Zehnern von Metern das Meerwasser
für unser Auge undurchsichtig wird![39] Welche Fülle wunderbarster
Eindrücke würden wir auf einer Oceanfahrt gewinnen können, wenn
wir, dem Luftschiffer ähnlich, die reiche Welt hier unter uns, die
Mysterien des Meeresgrundes belauschen könnten?

(Der Zwischenvorhang fällt.)

Zwischenscene.

Die Bevölkerung der Wasseratmosphäre, über welcher wir hin-
eilen, theilt sich ganz ebenso wie die des Luftmeeres in Stufen, so
dafs gewisse Thiere nur in gewissen Meerestiefen fortkommen können.
Dies ist auch hier noch begreiflicher wie in unserer Atmosphäre
wegen der so ganz verschiedenen Lebensbedingungen, welche die verschiedenen Meerestiefen aufweisen. Das Maximum der Entfaltung
liegt hier natürlich an der Meeresoberfläche und nimmt ab mit
gröfserer Tiefe, also in umgekehrter Richtung wie in der Luft. So
weit das Licht noch seine chemische Wirkung auszuüben vermag,
können noch einige Pflanzenarten, Algen, fortkommen, welche bekanntlich im atlantischen Ocean ungeheuer weite Strecken, das sogenannte
Sargassomeer, oberflächlich anfüllen. Die Reise des Columbus führte

durch dieses Gestrüpp, das ihm viel Sorgen machte; unser Kurs geht dagegen weit nördlich von demselben. Frei schwimmende mikroskopische Algen, Diatomeen, sind in jedem Tropfen Meerwassers zu finden, lebend, wenn man den Tropfen aus geringeren Tiefen nimmt, ihre todten Kalkpanzer in der Tiefe. Sie regnen mit den Schalen anderer mikroskopisch kleiner Geschöpfe in ungeheuern Mengen beständig auf den Meeresgrund hinab, wo sie die Kreideberge bilden, welche die Geologen kommender Schöpfungsperioden für unsere Entwicklungsepoche der irdischen Natur charakteristisch finden werden.

Die Meereswelt, welche wir aus den Aquarien oder landläufigen Schilderungen zu kennen pflegen, bevölkert nur den Meeresgrund bis zu verhältnifsmäfsig geringen Tiefen. Korallenwälder und die bunte Welt der übrigen mit Millionen geschäftigen Armen Beute jagenden Pflanzenthiere, der Meerrosen, Aktinien aller Art, trifft man meistens nur bis zu etwa hundert Metern Tiefe an. Dann vereinsamt sich mehr und mehr der finstere Grund und nur hie und da besucht ihn eine oder die andere jener bekannteren Fischarten des Meeres. In den grofsen Tiefen dagegen, über welche augenblicklich unser Schiff hineilt, wird es immer öder und öder. Gleich nach dem ersten Tage unserer Fahrt von Southampton aus haben wir Tiefen von 2000 bis 2700 Metern unter uns. Dann fahren wir über einen unterseeischen Gebirgsrücken hin, der sich von Norden nach Süden durch den ganzen atlantischen Ocean erstreckt und dessen höchste Bergspitzen als die Inselgruppe der Azoren sich bis über die Wogen erheben. Auf unserm Wege dagegen ist er immer noch mindestens 1500 Meter unter uns. Die gröfsten Meerestiefen weist bekanntlich der pacifische Ocean auf, die bis zu 8500 Metern oder so tief herabsteigen, wie sich umgekehrt die höchsten Berge in die Lüfte erheben.⁴⁰) [40)]

In diesen Meerestiefen herrscht neben dem ganz ungeheuren Drucke der überlagernden Wassermassen, die unsern Leib sofort zusammendrücken würden, eine constante Temperatur, die vom Gefrierpunkt nur unbedeutend differirt.⁴¹) [41)] Man stelle sich diese Umstände vor: Ein Druck von vielen hundert Atmosphären, völlige Finsternifs, eisige Kälte, um zu begreifen, dafs hier, wenn es denn überhaupt hier noch Leben giebt, was erst die neuesten Tiefseeforschungen erwiesen haben, eine fremdartige Welt mit fremdartigen Geschöpfen sich uns aufthun würde, die mit unserer sonnigen Welt des Landes kaum einen Zug gemein haben kann. Abenteuerliche Formen von Fischen und Gethier aller Art, die meist einige selbstleuchtende Stellen, wie Laternen, die ihnen den Weg durch diese Finsternifs weisen oder vielleicht auch

nur zur Anlockung der Beute dienen sollen, am Körper, gewöhnlich aber
ungeheuere Mäuler haben, in welche die Beute einfach hineinschwimmen
mußte, hat man aus diesen unwirthlichen Tiefen ans Licht gezogen.

Kehren auch wir nach dieser kleinen Gedankenexkursion wieder
zurück zum heiteren Tage.

Die Tafel ist aufgehoben. Wir steigen zum luftigen Promenadendeck hinauf, um uns den Wind erfrischend um die Nase wehen zu
lassen und einen Verdauungsspaziergang zu machen.

(Der Zwischenvorhang erhebt sich.)

Elfte Scene.
Das Promenadendeck.

(Die Scene stellt das Promenadendeck des Dampfers dar, auf welchem man
verschiedene Gruppen erblickt. Unter ihnen fällt eine solche mit dem Kapitän
als Mittelpunkt auf, der, seine Mütze präsentirend, eine Sammlung zu einem
wohlthätigen Zwecke veranstaltet.)

Ein noch vielseitigeres Leben als in den Speisesalon herrscht
auf Deck. Hier ist eben freiere Bewegung gestattet. Man hat hier
immerhin einen Promenadenweg von 50—60 Metern vor sich, der
nach Tisch nicht selten ein ebenso buntes Gewühl von Menschen aller
Gattungen und Nationen aufweist, wie irgend eine „Lästerallee" in
einem Weltbade oder einem grofsstädtischen Concertgarten. Allerdings
herrscht diese Menschenfülle nur immer auf der einen Seite des
Schiffes, auf der jeweilig windgeschützten, der sogenannten Leeseite.
Auf der anderen, der Luvseite, bläst, der grofsen Geschwindigkeit des
Schiffes wegen, stets ein scharfer Wind, den hie und da ein „Kraft-
meier" benutzt, um, im Marsch-Marsch-Tempo das Deck auf- und
abstürmend, seine überschüssige Energie los zu werden.

Drüben aber auf der Leeseite ist es gar lauschig. Da giebt es
namentlich hinten nach dem „Stern" zu ein gar heimliches Plätzchen,
rings von Segeltuch umgeben, über das zwar der Rauch der ungeheuern Schlote nicht gerade wohlriechend hinweg wirbelt, aber das,
wie ich hoffe, nicht deswegen von Spöttern die „Jasminlaube" genannt zu werden pflegt. Hier wird während der langen, langen acht
Tage sehr, sehr viel Liebenswürdiges gesagt.

In langen Reihen sehen wir hier auf dem Promenadendeck die
so ungemein bequemen Oceanstühle aufgestellt, und darin — zwar nicht
immer in rosiger Stimmung — unsere schönen Reisegefährtinnen hin-
gegossen, gewöhnlich etwas blafs gefärbt und leidend, ein Grund
mehr für ihre galanten Ritter, sich ihrer Schwachheit liebenswürdig

anzunehmen. Da wird Limonade, erfrischendes Obst, stärkender Thee, alles herbeigeholt, was der schwankenden Stimmung — des Herzens, sagt höflich der Franzose, — des Magens, sagen wir, der bedenklichen Wahrheit entsprechend, etwas aufhelfen könnte. Dafs trotzdem hie und da Jemand, einer plötzlichen inneren Regung folgend, sich entschliefst, vom Ueberflufs seiner Mahlzeit „den Fischen zu fressen zu geben", mufs leider konstatirt werden. Ja, wenn ein Kraut gewachsen wäre gegen die Seekrankheit! — Der prächtige Schiffsjunge, der den Delinquenten schon lange als verdächtig im Auge hatte, entfernt mit Blitzesschnelle die Spuren der Katastrophe. —

Dort ist unser Kapitain erschienen, um welchen sich alsbald eine Gruppe bildet. Er geht mit der Mütze in der Hand sammelnd herum. Der breitschultrige Seebär mit den blauen, unwiderstehlich gutmüthigen Augen, brummt und flucht dabei. Es ist nämlich dort unten im Zwischendeck ein armes Würmchen zur Welt gekommen, etwas vorzeitig offenbar; es sollte ein freier amerikanischer Weltbürger werden. Nun, so zwischen Luft und Wasser, zwischen der alten und neuen Welt ins Leben tretend, ist es unter der deutschen Flagge ein deutscher Mitbürger geworden.

„Das ist ganz reglementwidrig", brummt der Kapitän, „das ist garnicht erlaubt. Aber was soll man nun mit dem Bengel anfangen? Seine Mutter ist eine arme Slovakin, die selbst kaum was am Leibe hat! Warme Decken und sonst das Nöthigste haben wir ihr schon längst geschenkt. Nun seien Sie man so gut, und geben Sie mir ein bischen was, damit wir für die Ausstattung unseres neuen Landsmanns sorgen können. In der zweiten Kajüte hat der Zahlmeister schon eine ganz hübsche Summe eingeheimst, und selbst die armen Teufel im Zwischendeck haben ein paar Thaler zusammengebracht."

Ein Kanonenschufs ist zu Ehren des unerwarteten Ankömmlings abgefeuert worden.

Wie viele andere traurige oder heitere, wehmüthige oder mit den vollen Accorden ergreifendster Empfindung auf uns einwirkende Scenen und Naturgemälde entrollen sich auf solcher Seefahrt! Hier hat das Reisen noch seine alte Poesie bewahrt. —

Der Kapitän hat bedenklich den Himmel angesehen, der sich weifslich färbt und mit Schäfchenwolken überzieht.

„Es wird noch was Nasses geben" meint er und geht zur Kommandobrücke hinauf.

Wir wollen ihm dahin folgen, um uns ein wenig näher in die Schiffsführung einweihen zu lassen.

(Der Zwischenvorhang fällt.)

Zwischenscene.

Seit mehreren Tagen schon haben wir kein Land mehr gesehen. Wie wird nun das Schiff sicher durch die scheinbar endlose Wasserwüste geführt, wo kein Leuchtthurm, kein Seezeichen den Weg mehr bezeichnen kann? Ueberall dasselbe Wasser, derselbe Himmel und man hat nun den Eindruck, überhaupt nicht mehr von der Stelle zu kommen, weil man eben nicht die geringste Veränderung der Scenerie wahrnimmt. Höchstens finden wir, dafs die Meeresfläche von immer längeren, ausgedehnteren Wogenreihen durchzogen wird, immer majestätischer und feierlicher pulst, dass die Wassermassen unter uns eine immer tiefer blaue, ja beinahe schwarze Färbung annehmen; sie machen einen schwereren, gewaltigen Eindruck. Es scheint kaum noch Wasser zu sein, welches das Schiff rastlos hastend durcheilt. Wir erkennen, dass wir Mitte-Ocean erreicht haben, gleich weit entfernt von den beiden Welten, schwimmend auf wogender Fläche.

Wie werden wir in den sicheren Hafen finden?

Der treueste Begleiter des Seemanns ist auch hier noch, wie zu Zeiten des Columbus, der Kompas. Aber wie unendlich hat sich derselbe seitdem vervollkommnet! Man hat die Abweichung der Magnetnadel für alle befahrenen Breiten und Längen der Erde von der genauen Nord - Südrichtung ermittelt. Diese sogenannte „Mifsweisung" beträgt beispielsweise gegenwärtig in Bremen 13° W, in New-York dagegen 7° W, während sie auf unserer Fahrt zwischen Europa und Amerika bis auf 30° W angewachsen war. Ihre jährliche Aenderung wird selbstverständlich gleichfalls berücksichtigt. Ferner wird der Kompas wegen der magnetischen Einwirkung der Eisentheile und der elektrischen Lichtmaschinen compensirt und endlich auch das Ueberliegen des Schiffs nach rechts oder links, die sogenannte „Krängung", gebührend berücksichtigt. [42])

Mit all diesen Kenntnissen ausgestattet, steuert der Seemann zunächst seinen vorgeschriebenen Kurs weiter und trägt ihn wieder auf seiner Karte als Linie ein. Um den auf dieser Linie wirklich zurückgelegten Weg zu bestimmen, dient einerseits das Log, oder die Zählung der Umdrehungen der Schiffsschraube.

Das Log ist ein Stückchen Holz, das, an eine Leine gebunden, über Bord geworfen wird. Das Brettchen stellt sich senkrecht zur Wasserfläche und bleibt defshalb auf derselben Stelle, auf welche es hinabgeworfen war. Die Länge der Leine, die sich in einer bestimmten Zeit abrollt, während das Schiff weiterführt, giebt dann

offenbar die Geschwindigkeit des letzteren, beispielsweise in einer
Minute an, und man kann daraus auf die ganze bisher zurückgelegte
Strecke schliefsen.[43])

Das Loggen ist in dieser Weise jedoch bei den ungemein schnell-
fahrenden modernen Dampfern nicht mehr mit genügender Sicherheit auszuführen. Bei diesen zählt die Maschine die ausgeführten
Schraubenumdrehungen. Jede Umdrehung bringt das Schiff um ein
Bestimmtes weiter. Die ganze Anzahl der Umdrehungen, deren die
20 bis 25 Fufs messenden Flügel der gewaltigen Schraube 70 in der
Minute ausführen, giebt demnach den zurückgelegten Weg an.[44]) Natürlich mufs dabei der hemmende Einflufs des Seeganges, von Wind und
Strömung, theils nach bestimmten Regeln, theils mehr nach der Empfindung des erfahrenen Seemanns berücksichtigt werden.

Etwas Mifsliches besitzt natürlich diese „Schiffsbesteckrechnung"
allemal, und namentlich nach einem tüchtigen Sturme wird man derselben nicht mehr recht trauen, ehe sie nicht durch die unerschütterlich sicheren Weisungen der Sonne und der Sterne controllirt worden
ist, was selbstverständlich so oft als irgend möglich geschieht.

(Der Zwischenvorhang erhebt sich.)

Zwölfte Scene.
Sturm auf hoher See.

(Man erblickt vor sich die Kommandobrücke, zwischen den Schiffstheilen hin-
durch die See. Der erst klare Himmel verdunkelt sich. Der Wind erhebt sich.
Die Wogen gehen höher. Das Schiff schlingert immer stärker. Blitz und
Donner. Seen gehen über Bord. Allmählich beruhigen sich die Elemente wie-
der; es findet ein prachtvoller Sonnenuntergang statt; endlich erscheinen die
Sterne am Firmamente. Meeresleuchten.)

Unser Kapitän hatte sich nicht getäuscht. Der Wind erhebt sich
kräftiger; der Himmel überzieht sich mit Wolken, und die Kämme der
noch nicht besonders hohen Wogen überschlagen sich schäumend.
Immer dröhnender schlagen die schweren Wellenberge gegen die
eisernen Flanken des Schiffsleibes; wie breitschultrige Riesen nehmen
die heranwallenden Wogen das Schiff auf ihren Rücken und schlüpfen,
es hin- und wieder zurückschaukelnd, unter ihm durch. Es beginnt
zu „stampfen", das heifst vorn und hinten über zu schaukeln. Die
Bewegung wird stärker und gelegentlich kommt die riesige Schraube
aus dem Wasser. Sie verliert dadurch plötzlich den vom Wasser ge-
leisteten Widerstand und überschlägt sich in der Luft. Das ganze
Schiff erdröhnt davon. Endlich beginnt das ziemlich genau westlich

3*

steuernde Schiff, da die mächtigen Wogen es bei dem auffrischenden Südwestwinde von der Seite treffen, auch zu „rollen", das heißt, in seiner Breite zu schaukeln und schließlich nach allen Seiten hin zu „schlingern"·

Wir befinden uns in einer regelrechten „Cyklone", wie wir sie auf dem Lande längst aus den täglichen Wetterberichten kennen. Bekanntlich ist es Amerika oder doch der Atlantische Ozean, welcher uns diese Cyklonen zu bescheeren pflegt. Sie kommen ohne Ausnahme von Westen her; wir erhalten sie auf dem europäischen Festlande als Wirbelwinde gewöhnlich bereits vollkommen ausgebildet.[45]) Selten können sie jedoch daheim eine so gewaltige Kraft entwickeln als hier auf dem freien Weltmeere. Hier ist der Tanzsaal für die wilde Lust der Elemente, wo Wind und Wogen mit einander in rasendem Reigen dahinwirbeln mit wilden Sprüngen und laut aufjauchzen in diabolischer Wonne. Tolle prasselnde Musik und zuckendes Feuerwerk aus den strömenden Wolken!

Und hier das schwanke Menschenwerk inmitten dieses Taumelreigens weltzerstörender Giganten! Es muß wohl oder übel den Tanz mitmachen. Was kann ihm auch geschehen! Die stahlgepanzerten Flanken kann ihm das Wasser nicht zertrümmern, und umgeworfen kann der Koloß auch nicht werden. Mag auch hie und da ein Geländer von Deck weggerissen, eine Luke von einer über Bord gehenden See eingedrückt werden. Die Kraft des Wassers bei der enormen eigenen Geschwindigkeit, welche das Schiff gegen den Seegang nur wenig mindert, ist allerdings eine ganz erstaunliche: Armdicke Eisenstangen können von einer See wie Glas abgebrochen werden. Gelangt aber aus irgend einem Grunde wirklich Wasser in den Schiffsraum, so kann der lecke Theil durch eiserne wasser- und feuerdichte Scheidewände „Schotten" vom übrigen Schiff völlig abgetrennt und mit mächtigen Dampfpumpen wieder trocken gelegt werden. Dieselbe Vorrichtung dient zur Sicherung gegen Feuersgefahr.

Der Wind hat inzwischen weiter über Süden nach Osten herumgedreht und läßt merklich nach. Das Zentrum der Cyklone ist offenbar bereits südlich von uns vorüber gezogen.

Wenn man nach Westen Amerika zusteuert, wechselt gewöhnlich das Wetter viel schneller als auf der Rückreise nach Europa, weil wir im ersteren Falle gegen den herrschenden Wind und gegen die Bewegung des Wirbelzentrums fahren, das etwa noch einmal so schnell den Ozean durchkreuzt als unsere modernen Schnelldampfer. Wir kommen also, gegen Westen fahrend, oft schnell hinter einander aus

einer in die nächste Cyklone, während wir auf der Fahrt nach Ost. n
entweder mit dem Wirbel oder dem Gebiete hohen Luftdrucks, der
gutes Wetter bringt, ziehen. Nach Europa zurück haben wir also gewöhnlich beständigeres Wetter.

Und nun zertheilen sich endlich auch über uns die Wolken und
die Sonne, ihrem Untergange bereits nahe, bricht, zuerst noch verstohlen hinter Nebelschleiern, dann aber in triumphirender Farben-
pracht hervor.

Der Kapitän dort oben auf der Kommandobrücke athmet wieder
auf. Oft Tage lang ohne jede Unterbrechung schneidendem Sturm-
wind ausgesetzt — denn hier oben giebt es keinen Schutz, wo freier
Ausblick das wichtigste Erfordernifs ist — mufs er hier unerschütterlich
ausharren, jede Bewegung des ächzenden Fahrzeugs auf das genaueste
verfolgend und mit gespanntester Aufmerksamkeit auslugend nach einer
etwaigen Kollisionsgefahr. Riesenhafte Eisberge sind zur Sommerszeit
in dieser Gegend nicht selten. Bei gutem Wetter sieht man sie wohl
schon von ferne und kann den ungeschlachten Gesellen bei Zeiten aus-
weichen; aber oft bergen sie sich im Schleier dichten Nebels und
da kann es leicht kommen, dafs man sich plötzlich vor einem solchen
schwimmenden Eisfelsen befindet.[46]) Dann heifst es schnell wenden,
um nicht daran den Leib unrettbar einzurennen.

Nun ist, gottlob, die Gefahr vorüber und die untergehende Sonne
welche sich hier auf offenem Meere in noch viel reinere, sattere Farben
kleidet, als über den Dünsten des Landes, diese Sonne macht dem
Kapitän besondere Freude. Er ist nun im stande, sogleich seinen Kurs
und den wahren Ort seines Schiffes astronomisch zu bestimmen. Denn
die Angaben des Schiffsbestecks sind, wie bereits früher bemerkt, nach
dem Sturme ziemlich unsicher geworden. Man hat das Schiff nicht
immer genau auf dem gewünschten Kurse halten können; Wind und
Wogen haben es wider Willen seitwärts gedrückt, wie viel läfst sich
mit Sicherheit nicht sagen. Die Schraube ist oft aus dem Wasser
geschlagen und hat Umdrehungen gemacht, welche an der Fortbe-
wegung des Schiffes nicht mitwirkten, aber mitgezählt wurden. Eine
unabhängige Kontrolle wird defshalb um so nothwendiger, als wir
uns mittlerweile den durch ihre Nebel gefürchteten Neufundlandbänken
und ihren Untiefen nähern, an denen wir bei falschem Kurse leicht
stranden könnten.

Wie verschafft sich nun der Seemann die Kenntnifs seines Schiffsortes, ohne einen festen Angelpunkt zu haben hier auf der überall
gleichen Wasserfläche? Das ist gewifs nicht ganz leicht und ich mufs

mich hier darauf beschränken, nur im allgemeinen das Prinzip dieser
Ortsbestimmungen zur See anzudeuten.

Sie wissen wohl Alle, dafs in den verschiedenen Gegenden der
Erde die Tage sehr verschieden lang sind. Während die Sonne unter
dem Aequator Jahr aus Jahr ein um 6 Uhr früh auf- und Abends zu
derselben Stunde untergeht, kann sie in den Polargegenden Monate
lang überhaupt über dem Horizonte bleiben, oder gar nicht aufgehen.
Dafs hierin eine bestimmte Gesetzlichkeit obwaltet, so dafs man für
eine bestimmte geograghische Breite die Tageslänge für jeden Tag
des Jahres genau vorher ausrechnen kann, begreifen Sie gleichfalls
ohne weiteres. Gesetzt also, wir hätten irgendwo Auf- und Untergang
der Sonne beobachtet, und daraus die Tageslänge bestimmt, so wüfsten
wir offenbar auch zugleich, unter welcher Breite wir uns befinden.
Dieses Prinzip wird vom Seemann verwendet. Nur wartet er nicht
auf den Sonnenauf- und Untergang, sondern er bestimmt durch den
Sextanten, ein Winkelmefsinstrument, das er in freier Hand hält,
wie hoch sich das Tagesgestirn noch über dem Horizonte befindet,
woraus er gewissermafsen auf die Zeit seines Unterganges schliefst.
Dadurch erhält er zunächst nur die geographische Breite seines Ortes.
Die Länge bestimmt er, indem er beobachtet, wann die Sonne am
höchsten steht. Dann ist es für das Schiff Mittag. Nun zeigt ihm sein
Schiffschronometer die Zeit von Greenwich an. Der Zeitunterschied
zwischen dem Schiffsmittag und dem Greenwichschen Mittag ist gleich
der Differenz der geographischen Längen.[*]) Der Chronometer, dessen
Angaben hier gewissermafsen das Fundament bilden, auf welchem alle
Schlüsse des Seemanns über den Ort seines Schiffes und also die ganze
Sicherheit desselben aufgebaut sind, wird defshalb von ihm gehütet
wie sein Augapfel. Eine besondere Art der Aufhängung schützt ihn
vor den Stöfsen des Schiffes, ein doppelter, fest beschlagener Kasten
vor der Einwirkung der feuchten Luft. Es ist auch das erste Stück,
welches nach glücklicher Ankunft ans Land kommt, um unausgesetzt
der genauesten Prüfung unterworfen zu werden.

Nun ist die Sonne inzwischen herabgestiegen und die flimmernde
Sternenschaar glänzt am Firmamente, auch alles Fixpunkte, welche
dem Schiffer seinen Weg heute noch wie vor zweitausend Jahren
weisen.

Wie märchenhaft still ist es geworden über der vorhin noch
so wild empörten Wasserfläche! Wie unendlich grofs und ehrfuchts-
gebietend ist die Natur in all ihren Zügen!

Das Meer erglühte vorhin, als die Sonne hinabtauchte in seinen

bewegten Schoofs. Nun spielen die Wellen mit den Lichtern der Sterne,
eine Unendlichkeit über und unter uns! Und auch die übrige Fläche
beginnt aufzuleuchten, wie von geheimem Feuer innerer Erregung,
welche der Sturm noch zurückliefs. Der Geist der Schöpfung liebte
von je her das Licht und hier — seltsamer Widerspruch — ver-
schwistert er selbst die feindlichsten Elemente Feuer und Wasser mit-
einander. Das Meer flammt und leuchtet auf. Das ist das Leben,
welches dieses Feuer sogar auf die Wogen giefst. Mikroskopisch
kleine Geschöpfe bringen das Meerleuchten hervor.[48])

Aber es wird spät zu Nacht. Wir wollen ein wenig ausruhen,
um am Morgen den neuen Welttheil, dem wir uns mit Windeseile
nähern, gestärkt begrüfsen zu können.

(Der Hauptvorhang fällt.)

Vierter Akt.

Dreizehnte Scene.

Die Statue der Freiheit.

(Einleitende Worte. Beim Aufgang des Vorhangs befinden wir uns wieder
auf derselben Stelle des Schiffes, von welcher aus wir die Nordsee- und Kanal-
Landschaften an uns vorüberziehen sahen. Zunächst herrscht eine tiefe Dämmerung über dem ruhigen Meere. Bei allmählicher Aufhellung erblicken wir
die Freiheitsstatue am Eingang zum Hafen von New-York. Indem dieselbe
langsam vorüberzieht, geht hinter ihr die Sonne auf. Das Wasser belebt sich
immer mehr mit Fahrzeugen aller Art.)

In der Nacht sind wir inzwischen an den Neufundlandbänken
vorüber geeilt. Allein schon die empfindlich kühler werdende Temperatur, die hier zu herrschen pflegt, hätte uns dies verrathen können.
Auch der Wind hat sich weiter gedreht und kommt von Norden her.

Unser Führer durch die Wasserwüste hat natürlich sicherere Anzeichen, an denen er diese weit ausgedehnten Versandungen des Meeres-
bodens erkennt, die der mächtige Ausflufs der grofsen Seen des nord-
amerikanischen Festlandes, der Sankt Lorenzstrom, hier gebildet hat.
All das Felsgeklüft und das Erdreich, welches der Niagarafall vielleicht
seit Jahrhunderttausenden unter seinen brausenden Fluthen zermalmte
liegt hier am Grunde des Meeres, eine neue geologische Formation
bildend. Der Seemann erkennt ihre Annäherung zunächst an der
rapiden Abnahme der Meerestiefe, welche er namentlich jetzt, gegen

Ende der Fahrt, besonders häufig durch das Loth bestimmt, dann aber auch an der besonderen Art des Erdreichs, welches das Loth mit heraufbringt.

Das Lothen ist überhaupt eine sehr wichtige Art der Orientirung des Seemannes geworden.[49] Die Meerestiefen auf allen vielbefahrenen Linien sind heute fast ebenso gut bekannt, wie etwa die Höhen der Bergspitzen auf dem civilisirten Lande, und so wie wir diese letzteren benutzen, um uns zu orientiren, so findet der Seemann seinen Weg, indem er sein geistiges Auge hinabsenkt in die Tiefen dieses umgekehrten Gebirges unter dem Meeresspiegel. Ebenso, wie zu Lande verschiedenes Erdreich die charakteristische Verschiedenheit der Landschaften ausmacht, zeigt auch der Meeresboden so wesentliche Unterschiede seiner Zusammensetzung, dafs dies gleichfalls ein Merkmal für den Ort des Schiffes werden kann, wenn eben das launische Wetter die sicherste Art der Orientirung, die an der Sonne und den übrigen Gestirnen, für längere Zeit unmöglich gemacht hatte.

Lassen Sie uns nun wieder hinaufgehen auf Deck, um nach der neuen Welt auszulugen, die heute am dämmernden Horizonte auftauchen soll.

(Der Hauptvorhang erhebt sich.)

Tiefe Dämmerung liegt noch über dem Meere. Wir sind inzwischen an den ersten Anzeichen des amerikanischen Landes bereits vorüber gefahren. Zur Rechten der Fahrtrichtung erschienen schon gestern niedrige Landstreifen über dem Wasser. Das war die Insel Long-Island, und das erste Leuchtfeuer, das von Navesinsk, winkte uns vom Festland herüber.[50] Für den Seemann bedeutet das festen Fufs gefafst zu haben; seine schwer verantwortliche Aufgabe ist erfüllt. Es ist die Probe, das richtige Facit auf das lange Rechenexempel auf offener See.

Auch der Lootse ist bereits gestern Abend an Bord gekommen. In Amerika ist das Lootsenwesen wie alles andere Geschäftssache „business“. Die Lootsen laufen einander, wie alle anderen Konkurrenzgeschäfte, den Rang ab und segeln oft Tage lang vorher weit ins offene Meer hinaus, nach der fetten Beute eines grofsen Dampfers jagend, den sie in den sicheren Hafen führen können. Unser Mann ist diesmal vier volle Tage auf See gewesen. Die Zeitungen, welche er bringt, sind nur zwei Tage später datirt als die letzten englischen, welche wir drüben — in Europa — noch gelesen haben: Wir wissen immer noch nichts vom Weltgetriebe der letzten Zeit, der Gegenwart, in welcher wir leben.

Aber wir athmen dennoch angesichts der Gewifsheit, die Fahrt bald beendet zu wissen, freudig auf. So angenehm und vielseitig anregend die Reise auch war, wir sehnen uns doch unwiderstehlicher zurück nach der uns ganz unentbehrlich gewordenen Verbindung mit dem Weltgetriebe, dessen ersten Anknüpfungspunkt eben der Lootse bedeutet.

Sobald er das Kommando ergriffen hat, ist unser Kapitän eines grofsen Theiles seiner Verantwortlichkeit enthoben; wir stehen gewissermafsen bereits unter amerikanischer Botmäfsigkeit.

Inzwischen hat sich der schmale Landrücken immer mehr über die Wassergrenze erhoben. Auch links erscheinen Landstreifen, kleinere und gröfsere Inseln, der Leuchtthurm von Sandy-Hook, von welchem aus bei der Abfahrt von Amerika die Ozeanfahrt bis drüben zu den Needles gerechnet wird.[31]) Wir sind in die Narrows, die Engen zwischen dem Festland und den Inseln, auf welchen New-York und seine Umgebung erbaut ist, eingesteuert; der Dampfer mufs seine Geschwindigkeit vermindern und beim Anbruch des Tages steht uns die „Statue der Freiheit" gegenüber, das imposante Bildwerk, welches den Eingang zum Hafen von New-York beherrscht. Sie giebt uns den ersten augenscheinlichen Begriff von den Dimensionen, welche die Kulturentwicklung in ihren äufserlichen Seiten hier in Amerika erreicht hat. Im Arme dieser Statue geht eine bequeme Wendeltreppe hinauf, aus einem Finger des Riesenweibes könnte ein erwachsener Mann gemacht werden und in ihrem Kopfe fand jüngst — eine Trauung statt. Das kolossale elektrische Licht ist meilenweit zu sehen. Es lockt in der Nacht Tausende und aber Tausende von Vögeln und was sonst die freien Lüfte ringsumher bevölkert, an: In unzählbaren Schaaren stürzen sie, getödtet von diesem Lichte der Freiheit, in die Fluthen. In einer Nacht sollen einmal 13 000 Vögel hier zu Grunde gegangen sein. Und auch hier unten zwischen den sorgsam bergenden Planken unseres Schiffes, und in allen den übrigen, welche aus der alten Welt hier täglich in den Hafen laufen, da wimmelt es von naiven, ungeduldigen Wesen, welche ein ähnlicher Drang unwiderstehlich hierherzog. Möge es den armen Leuten dort unten im Zwischendeck besser ergehen als jenen unglücklichen Bewohnern der freien Lüfte.

Das Schiff mufste schon vor einiger Zeit stoppen, um hier das Boot des Hafen-Arztes und das der Zollbeamten abzuwarten. Die Zwischendecker müssen nun alle vor dem Arzte Revue passiren, und sich über ihren Gesundheitszustand ausweisen. Da sieht man dann gar seltsame Gestalten: Der tschechische und russische Bauer herrscht vor; mit Weib und Kind hat ihn ein herbes, schier unerträglich gewordenes Schicksal zu einem letzten verzweifelten Schritte getrieben; Andere wieder hat ein unwiderstehlicher Drang zur Abenteurerlust in die neue Welt geführt; einige Wenige nur gehen mit Zuversicht sicheren Verhältnissen entgegen. Mit bleichen, abgemagerten Gesichtern, ängstliche Erwartung in den matten Blicken, ziehen sie in ärmlichen, auf der Fahrt meist arg mitgenommenen, vielfach grell-bunten Kleidern, in endloser Reihe vorüber.

Der Arzt hat inzwischen die Erlaubnifs zur Einfahrt ertheilt, da alles wohlauf ist an Bord. Das Schiff schraubt sich langsam weiter in den Hafen. Ein immer lebendigeres Gewimmel von Schiffen weicht dem Riesen, welcher uns der neuen Welt entgegenbringt, flink und geschickt aus. Die gewaltige Brücke von Brooklyn kommt in Sicht.

Vierzehnte Scene.
Brooklyn.
(Während wir weiter fahren, erscheint Brooklyn mit seiner Brücke. Ferryboote durchqueren die Wasserstrafse.)

Brooklyn ist eigentlich nur eine Vorstadt von New-York. Man geht längst mit dem Plane um, beide Stadtverwaltungen mit denen der übrigen umliegenden und nur durch enge Wasserstrafsen von der Metropole getrennten Städte New-Jersey und Hoboken zu vereinigen. Das Wasser ist aber heutzutage bekanntlich keine natürliche Grenze des Verkehrs mehr, sondern ganz im Gegentheil das vorzüglichste Verbindungsmittel. Mit kühnem Schwunge überbrückt man heute ganze Meeresarme, ohne dem Schiffsverkehr dadurch irgend welche Schranken aufzuerlegen.

Dieses technische Wunderwerk vor uns, die weltberühmte Hängebrücke von Brooklyn, hat zwischen beiden Verankerungen des Kettengewebes, das sie 135 Fufs über dem Wasser in der Schwebe hält, eine Länge von mehr als einem Kilometer (3460 Fufs), und immer noch etwa die Hälfte dieser Strecke wird zwischen den 277 Fufs hohen Brückenthürmen ohne weitere Unterstützung in der Luft gehalten, so dafs die höchsten Segelschiffe darunter hinziehen: Ein wahrhaft majestätischer Anblick! Die Brücke ist das Werk eines Deutsch-Amerikaners, Röbling, welcher auch den Niagarafall überbrückt hat. Sechzig Millionen Mark hat dieses Riesenwerk hier vor uns gekostet.

Wir lassen die Brücke zur Seite an uns vorüberziehen und steuern in den Hudson River ein, der hier als breiter Meeresarm erscheint, das Festland von der Manhattan-Insel trennend, auf welcher das eigentliche New-York aufgebaut ist. Breite Ferryboote vermitteln hier den Verkehr zwischen den verschiedenen Inselstädten und dem Festlande. Dampfer, Segelschiffe, Yachten, Boote der Hafenpolizei, Vergnügungsboote, Wasserfahrzeuge aller Art und Gattung drängen sich hier immer dichter an einander. Kein Hafen der Welt macht einen so überwältigend grofsartigen und buntbelebten Eindruck wie der von New-York. Und die von Hoffnungen geschwellte Brust des Reisenden ist für diese Eindrücke so aufserordentlich empfänglich, dafs er meint, eine wahre Märchenwelt nehme ihn auf.

Fünfzehnte Scene.

New-York.

(Es zieht ein Theil von New-York vorüber, namentlich die goldene Kuppel des Worldbuilding tritt deutlich hervor.)

Die vielstöckigen Häuser des eigentlichen New-York erscheinen nunmehr. Wir sind nun sogleich am Ziel. Noch zu fern sind wir zwar der Metropole des amerikanischen Weltverkehrs, um von dem gewaltigen Pulsen ihrer Lebensthätigkeit mehr zu sehen, als was vom Land hinüberquillt auf die Wasserfläche.

Könnte doch der glückliche Entdecker des neuen Erdtheils, dessen Andenken wir heute feiern, einen Blick in dieses Gewühl werfen! Vor vierhundert Jahren, — und das ist eine gar geringe Zeitspanne in der Entwicklungsgeschichte der Menschheit — hausten hier noch Indianer als Alleinherrscher und höchstens hier und da hätte ein alter Runenstein die einstmalige Anwesenheit eines kaum mehr gesitteten europäischen Seeräubervolkes verrathen können. Ja, noch mehr als hundert Jahre weiter müssen wir von der ersten Entdeckung Amerikas in der Zeit fortschreiten, um die ersten Europäer sich hier niederlassen zu sehen. New-Amsterdam hiefs die erste Ansiedelung an der Stelle des gegenwärtigen New-York, welche 1625 nicht mehr als 250 Köpfe zählte. Bis zum Beginn des achtzehnten Jahrhunderts war die Bevölkerung auf etwa sechstausend Seelen gestiegen. Heute sind es gegen zwei Millionen geworden. Und mit ungeschwächter Kraft, ungehindert von den tausendfältigen Hemmungen, welche der nothwendig konservative Boden einer alten Kultur einer allzuschnellen Entwicklung entgegenstellt, wächst die Riesenstadt und das ganze junge Land weiter, in seiner strotzenden Kraft naturgemäfs auch manches Unkraut mit emporschiefsen lassend.

Allzugrofse Ordnung ist bei so schneller Entfaltung nicht zu erwarten. New-York ist defshalb auch in jeder Hinsicht die Stadt der seltsamsten Kontraste. Draufsen beispielsweise in der vornehmen Up-Town mit ihren etwa 190 parallel laufenden Querstrafsen, sieht man oft neben der Villa eines der „Oberen Vierhundert" einen Felsen kahl und öde aufragen; denn auf Felsgestein ist dieser ganze Stadttheil erbaut, das jedesmal weggesprengt werden mufs, wenn ein Haus errichet werden soll. Oder es steht neben solchem Palast eines Mannes, dessen Tageseinkommen so grofs ist, wie das jährliche Gehalt eines unserer Generäle, ein elendes Bretterhaus, das sich hier vielleicht eine bisher obdachlose Negerfamilie selbst zusammengehämmert hat, um darin so lange zu hausen, bis die Polizei sie fortjagt. Dann nehmen diese armseligen Menschen ihr Hab und Gut unter den Arm, stecken das Haus einfach in Brand und ziehen von dannen. Der Wind fegt die Asche von der Brandstätte: Es kann ein Palast morgen hier errichtet werden.

Auch in den klimatischen Verhältnissen herrschen in New-York uns uns ganz unbekannte Kontraste, wie denn bekanntlich die Ostküsten aller Kontinente sich durch ihr extremes und ganz furchtbar schnell wechselndes Klima auszeichnen. New-York liegt südlicher wie Neapel, unter 40³/₄ Grad Breite. Im Sommer ist die Hitze hier deshalb mindestens so grofs wie in Neapel. Im Winter dagegen kann nach wahren Sommertagen, die man im Dezember geniefst, plötzlich aus dem mit Eis überzogenen Innern des amerikanischen Festlandes, dessen Fläche sich, meist noch undurchforscht, bis gegen den Nordpol ausdehnt, eine „kalte Welle" herüberblasen, und einen Temperatursturz von 10 bis 15 Grad in wenigen Stunden verursachen. Der Westwind ist hier im Winter schneidend kalt; es friert in New-York nahezu so stark wie bei uns. Dementsprechend ist der Charakter der Vegetation, wenn man von einem solchen bei dem jämmerlich verwüsteten Zustande des Landes ringsumher überhaupt reden kann, dem der unsrigen ähnlich. Fürchterliche Schneewehen „Blizzards" überdecken oft in wenigen Stunden meterhoch die Strafsen der Stadt. Gar wehmüthig ist es dann anzusehen, wenn man hier einem schlotternden Neger, die Brille auf der breiten, fettglänzend schwarzen Nase — denn auch die Neger sind hier schon bis zur Kurzsichtigkeit civilisirt — begegnet, der, gar kummervoll träumend von den Palmen seines afrikanischen Vaterlandes, Schnee schaufelt: Ein tragikomisches Sinnbild der seltsamen Kontraste, welche diese Stadt vereinigt.

Die importirte Negerrasse gedeiht hier übrigens prächtig und nimmt bereits den Konkurrenzkampf mit den Weifsen erfolgreich auf,

während von den rothhäutigen Urcigenthümern des Landes kaum noch
eine Spur, auch nicht in den Rassenmischungen zu entdecken ist. In
vereinsamten Dörfern draufsen im Lande oder auf den Inseln in der
Umgebung sollen hie und da noch einige ursprünglich indianische
Familien leben. Sonst aber ist alles bis auf die Namen der Indianer-
dörfer — Chicago, Milwaukee sind bekannte Beispiele hiervon —
vernichtet.

Doch wir sind nun am Ziele.

Sechszehnte Scene.

Ankunft in Hoboken.

(Ein Lloydschiff zieht in entgegengesetzter Richtung vorüber. Bald darauf
werden die Docks des Norddeutschen Lloyd sichtbar, vor welchen das Schiff
anhält. Die Dampfpfeife ertönt. Bald darauf sieht man die Schiffskapelle,
welche einen lustigen Marsch bläst. Mit Hurrahrufen begrüfsen sich gegenseitig die Ankömmlinge und die Erwartenden am Quai.)

Noch kurz bevor wir landen, zieht hier ein anderes Lloydschiff
an uns vorüber. Es wird demnächst zurückfahren nach der Heimath.
Es ist wohl das schönste und imposanteste der Bremer Schiffe der
„Kaiser Wilhelm". Wir winken und jubeln ihm zu: „Grüfst mir die
liebe, ferne Heimath!" — Beinahe 900 geographische, 3500 Seemeilen
trennen uns vom Ausgangshafen.

Und doch ist längst zu Hause die glückliche Ankunft unseres
Dampfers gemeldet; die Unsrigen sind beruhigt.

Wir kommen in Hoboken an. Hier besitzt der Lloyd seine
eigenen Docks, von denen aus dreimal wöchentlich einer dieser transatlantischen Dampfer nach Europa abfährt, um möglichst schnell den
ungeheuern Postverkehr zwischen den beiden Welttheilen zu bewälti-
gen. Der Lloyd befördert jährlich circa zehn Millionen Briefe und
wohl die doppelte Menge Drucksachen von New-York nach Europa.
Auf jedem seiner Dampfer befindet sich ein reguläres deutsches Postamt.
Wir wollen ihm unseren ersten Brief nach der Heimath, der unsere
interessante Reise beschreibt, anvertrauen.

Der Riesenleib unseres Fahrzeuges hält vor dem Dock an. So
schnell beweglich es auch auf offener See, seinem eigentlichen Elemente ist, hier benimmt es sich recht schwerfällig. Ein winzig kleiner
Dampfer wird vor den Kolofs gespannt, um ihn langsam in das Dock
zu bugsiren. Das ist ein gar komischer Anblick, wenn das kleine
Wesen dort unten schnauft und prustet und sich abarbeitet, um den
Riesen nach halbstündiger Arbeit einige hundert Fufs weiter zu bringen.

Während der ganzen Zeit haben sich hüben und drüben die guten Bekannten, welche so lange ein Ozean von einander getrennt hielt, längst begrüfsen und einander begeisterte Willkommrufe bringen können. Die Musik an Bord spielt noch einmal ein heimathliches Lied. Es wird uns seltsam feierlich zu Muthe!

Und nun endlich berührt das Schiff amerikanisches Land.

Glück zu in der neuen Welt!

(Der Hauptvorhang fällt.)

Ende.

Zusätze und Anmerkungen.

[1]) Seite 5. Im Alterthum führte bekanntlich die Meerenge von Gibraltar diesen Namen. Plato und Diodor sprechen von jener Insel Atlantis.

[2]) Seite 3. Schon weit vor dem genannten Alexandrinischen Astronomen hatten Pythagoras, Aristarch und andere griechische Weltweise die Kugelgestalt der Erde gelehrt; Ptolemäus jedoch hatte sie zuerst in seinem berühmten Almagest in sein Weltsystem eingeführt und dadurch zum Dogma erhoben.

[3]) Seite 5. Als Jahr der Erfindung der Buchdruckerkunst gilt 1438.

[4]) Seite 6. Die auf dem alten Ptolemäischen Weltsystem basirenden sogenannten Alfonsinischen Tafeln, nach welchen die Oerter der Planeten, Sonnen- und Mondfinsternisse vorher zu berechnen waren, wurden 1438 zuerst gedruckt und der Königin Elisabeth, der Gemahlin Ferdinand des Katholischen, gewidmet. Die verständnifsvolle Frau nahm damals schon regen Antheil an kosmologischen Problemen und sie war es bekanntlich, deren besonderer Initiative die Unterstützung zu danken ist, welche schliefslich nach langen Kämpfen die ehrgeizigen Pläne des Columbus bei der spanischen Regierung fanden. So wurde durch die Drucklegung und Widmung der damals bereits über zwei Jahrhunderte alten alfonsinischen Tafeln der Boden vorbereitet, auf welchem Columbus weiter bauen konnte.

[5]) Seite 6. In Wirklichkeit war indefs diese Umschiffung bekanntlich erst einige Jahre nach der Entdeckung Amerikas, welches man jedoch damals immer noch für den östlichen Theil Indiens hielt, dem portugiesischen Seefahrer Vasco de Gama gelungen. Derselbe segelte 1497 mit 4 Schiffen und 160 Mann ab, erreichte glücklich die Ostküste Afrikas und landete auch in Arabien. Er kehrte 1499 von seiner ersten Reise nach Lissabon zurück.

[6]) Seite 6. Die Karte des Toscanelli fand Columbus in dem Nachlasse seines Schwiegervaters, eines spanischen Edelmannes, der ein guter Seemann und Geograph gewesen war. Durch die 1482 stattgehabte Vermählung des Columbus, der der Sohn eines Wollwebers in Genua war und dort vermuthlich 1446 (es herrscht noch immer eine Unsicherheit von zehn Jahren über das Geburtsjahr des Columbus) geboren wurde, mit der Tochter dieses Edelmannes, wurde er in Hofkreise vortheilhaft eingeführt. Er fafste vermuthlich bereits 1483 den ersten Plan zu seiner Reise, mufste aber viele Abweisungen über sich ergehen lassen, da seine Forderungen für den Fall der glücklichen Entdeckung als allzu exorbitante angesehen wurden. Er verlangte zunächst die Erhebung in den Adelsstand, die Würde eines Admirals des atlantischen Meeres, Macht und Titel eines Vizekönigs der zu entdeckenden Länder, den zehnten Theil aller Einkünfte aus denselben und das Recht, sich mit dem achten Theile an allen transatlantischen Handelsgeschäften betheiligen zu können. Dank der unbeugsamen Energie des Columbus bewilligte ihm dennoch am 17. April 1492 die Königin Elisabeth all diese Forderungen und

am 13. Mai ist er bereits in Palos mit den Vorbereitungen zur Expedition beschäftigt. Aufser durch die Auffindung der Karte des Toscanelli wurde
Columbus auch durch die Erzählungen von Seeleuten auf das Vorhandensein
gröfserer Ländermassen im Westen hingewiesen, nach denen von Menschen-
hand seltsam zugeschnitzte Holzstücke, fremdländische Fichtenstämme, ja selbst
Leichen einer bis dahin unbekannten Menschenart von jenseits der Azoren
hergeschwemmt worden seien.

Paolo Toscanelli lebte von 1397 bis 1482 in Florenz und war eigentlich Arzt, beschäftigte sich aber mit Vorliebe mit astronomischen und kosmo-
graphischen Fragen. Besonders trat er gegen den Unfug der astrologischen
Prophezeihungen auf und pflegte sich selbst als lebendigen Beweis ihrer Un-
zuverläfsigkeit anzuführen, da ihm ein kurzes Leben vorhergesagt worden war,
während er zu hohem Alter gedieh. Sein Andenken lebt heute noch in Florenz, wo in dem wundervollen Dome Maria dei Fiori der grofse Gnomon gezeigt wird, den er dort anbringen liefs und welcher durch einem aus 277 Fufs
Höhe herabkommenden Sonnenstrahl die Zeit des Mittags auf eine halbe Sekunde genau anzugeben im stande ist. Man vergleiche hierüber auch Wolf,
Geschichte der Astronomie (München 1877) Seite 84 und 124.

¹) Seite 6. Man hat namentlich die Tüchtigkeit des Columbus als
Seemann so stark in Zweifel gezogen, dafs man seine Entdeckung schliefslich
nur als ein aufserordentliches Glück des Zufallsspiels hinstellte. Ganz gewifs
war auch Columbus kein besonders hervorragender Seemann, wie man ihm
überhaupt aufserordentliche oder geniale Geistesgaben aufser seiner unerschütter-
lichen Energie nicht nachzurühmen vermag. Aber eben zur Ausführung dieser
grofsen Entdeckung gehörte in erster Linie nur Thatkraft und Unerschrockenheit
welche vor ihm Niemand in diesem Mafse besessen hatte. Die nothwendige
geistige Vorarbeit war längst geschehen. Columbus war zweifellos im stande,
geographische Breitenbestimmungen zur See zu machen und bestimmte auch
die geographische Länge aus einer beobachteten Mondfinsternifs. Hierzu be-
nutzte er höchstwahrscheinlich die 1474 oder 75 im Drucke erschienenen astronomischen Tafeln des Regiomontan (Johannes Müller von Königsberg),
welche für die Jahre 1475—1506 die Mondfinsternisse vorausberechnet ent-
hielten, und zwar waren dieselben gegen die in einem vorangegangenen Zu-
satze erwähnten alfonsinischen Tafeln, entsprechend den inzwischen aufgetretenen
Differenzen nach der Beobachtung wesentlich verbessert, welche sich für
Mondfinsternisse damals bereits auf eine volle Stunde beliefen. Columbus
verwendete also Hülfsmittel, die einem seemännisch und wissenschaftlich un-
gebildeten Menschen nicht zugänglich gewesen wären.

Offenbar wurde or indefs zugleich vom Glücke ganz besonders begünstigt,
wie das bei grofsen Entdeckungen und Erfindungen ja die Regel zu sein pflegt.
Hätte er beispielsweise den gegenwärtig üblichen Seeweg nach Amerika gewählt, d. h. wäre er viel nördlicher gefahren, wie das auch nach der Karte des
Toscanelli und namentlich auch wegen des kleineren Umfanges der nördlicheren
Parallelkreise am praktischsten gewesen wäre, so hätte er, wie es auch weiter
unten im Text erwähnt wird, in die Region der veränderlichen Westwinde gerathen müssen, die hier im September und Oktober wüthen. Nach der Breite
geordnet ergiebt sich folgende Uebersicht für die Herbstmonate:

$$25^\circ — 30^\circ \text{ N. haben 9 Sturmtage,}$$

30 — 35	„	22	„
35 — 40	„	32	„
40 — 45	„	36	„
45 — 50	„	29	„

4

Auf dem Wege des Columbus, welcher unweit des 25. Parallelkreises lag, findet also im Herbst das Minimum der Stürme, auf den gegenwärtigen Dampferwegen dagegen das Maximum statt, da dieselben zwischen 40 und 50 Grad liegen.

[8]) Seite 9. Ein Modell der „Santa Maria" ist im Physiksaale der Urania ausgestellt. Es wurde genau nach den Angaben des spanischen Gelehrten Rafael Monleon, der eingehende historische Studien darüber anstellte, in unserer Anstalt von Bähr ausgeführt.

Eine detailirte Zeichnung des Schiffs befindet sich auch in den „Mittheilungen aus dem Gebiete des Seewesens" (Pola 1892) XX. Jahrgang, S. 114. Da jedoch keine authentische Zeichnung dieses Schiffes, welches gleich auf der ersten Reise zu Grunde ging, aus damaliger Zeit aufzutreiben war, bleiben die Resultate der Forschungen über dasselbe stets hypothetisch. Jedenfalls aber repräsentirt die von uns wiedergegebene Form den Typus der damaligen gröfseren Schiffe, welche das Mittelmeer zu durchkreuzen pflegten. Die „Santa Maria" war 23 m lang.

[9]) Seite 10. Eigentlich hätte es im Texte heifsen müssen: „Die Variation der Deklination mit der geographischen Lage und es mag hier um Mifsverständnisse zu vermeiden eingefügt werden, dass der englische und mit ihm auch gelegentlich der deutsche Seemann die Deklination der Magnetnadel selbst als ihre „Variation" bezeichnet, während in der Wissenschaft dieses Wort allein nur die tägliche oder säkulare Veränderlichkeit der Richtung der Magnetnadel, d. h. der Deklination bedeutet. Diese Veränderlichkeit selbst scheint Columbus jedoch erst am 17. September erkannt zu haben. Er notirte in seinem Tagebuch 100 Leguen westlich von den Azoren eine magnetische Deklination von 11°. Am 30. September findet er, dafs die Deklination 0° ist, was allerdings auf einem bedeutenden Beobachtungsfehler beruhte; es mufste 8° W. heifsen. Es scheint nun, dafs Columbus von nun an auf den Isogonen von 8° bis 5½° weiter segelte.

Der Kompafs war den Chinesen bereits zu Anfang des zweiten Jahrhunderts unserer Zeitrechnung bekannt, aber erst etwa zwei Jahrhunderte vor der Entdeckung Amerikas gelangte derselbe, wahrscheinlich wieder durch Vermittlung der Araber, zur Kenntnifs des Abendlandes und wurde alsdann von den Seefahrern benutzt.

[10]) Seite 10. Es mag hier interessant sein, hinzuzufügen, dafs der kürzeste Weg auf der Erdkugel die Meridiane derselben nicht etwa unter stets gleichem Winkel schneidet, so dafs es ein Umweg wäre, einen Kurs zu segeln, der auf den Seekarten, die in Merkator-Projektion ausgeführt sind, als gerade Linie erscheint. Einen solchen Weg auf der Kugel nennt man im mathematischen Sprachgebrauch eine Loxodrome, und auf derselben sind früher die Seeleute, indem sie der Weisung ihres Kompasses folgten, stets gesegelt. Der kürzeste Weg auf der Kugel ist dagegen stets der sogenannte gröfste Kreis.

[11]) Seite 10. Geleich (Zeitschrift der Gesellschaft für Erdkunde, XX. Jahrgang, S. 280 u. ff.) hat sich der Mühe unterzogen, einerseits nach Mafsgabe unserer gegenwärtigen Kenntnisse von der säkularen Variation der magnetischen Deklination, andererseits nach den Aufzeichnungen des Schiffstagebuches des Columbus, soweit dieselben uns erhalten sind, den Kurs der „Santa Maria" nachträglich zu bestimmen. Weniger die Unsicherheit unserer Kenntnisse über die erdmagnetischen Konstanten jener Zeit als vielmehr die Gröfse der zur Bestimmung der Schiffsgeschwindigkeit angewandten spanischen Leguen legten hier unüberwindliche Schwierigkeiten in den Weg. Nimmt

man, wie es bis dahin üblich war, die Legue zu 3,18 Seemeilen an, so ergiebt die unter Berücksichtigung aller Umstände, namentlich auch der Strömung,
ausgeführte „Koppelung", d. h. Aneinanderschliefsung der verschiedenen von
Columbus für die verschiedenen Tage angegebenen Kurse und Schiffs-
geschwindigkeiten, als Ankunftspunkt eine Stelle auf Kuba, wo in Wirklichkeit die erste Landung unmöglich stattgefunden haben kann. Gelcich nimmt
schliefslich die Legue nur zu 2.3 Seemeilen an, um dann zwischen den westindischen Inseln Turko und Mariguana anzukommen. Mit gleicher Wahrschein-
lichkeit jedoch wie diese beiden können auch noch die Inseln Cat, Watling,
welcher letzteren gewöhnlich, doch ohne besonderen Grund, der Vorzug
vor den übrigen genannten eingeräumt wird, und Samana als jenes
Guanahani oder Sant Salvator gelten, welches Columbus als das erste
betretene Land bezeichnete. Diese fünf Inseln liegen etwa zwischen 22° und
24° nördlicher Breite. Columbus gab die Breite dieser Insel gleich der
von Ferro (28°) an. Ebenfalls ungewifs ist es, ob Columbus überhaupt
jemals den Boden des eigentlichen amerikanischen Festlandes betreten hat. Auf
der dritten Reise, am 1. August 1498 hat er dasselbe jedenfalls entdeckt und,
es zunächst für eine Insel haltend, Tierra de Gracia genannt. Erst am 20. August
wurde es ihm und seiner Mannschaft klar, dafs das ganze Gebiet, an dessen
Küste sie bisher entlang gefahren waren, ein einziges grofses Festland bildete.
Er litt indefs damals schon so stark an Gicht, dafs es ihm unmöglich war, das
Schiff zu verlassen. Er war aufserdem fast ganz erblindet. Dennoch unter-
nahm der gebrochene Mann vier Jahre später bekanntlich noch eine letzte
vierte Reise nach dem neuen Lande, diesmal hauptsächlich zu dem Zwecke,
das auf der dritten Reise gesehene Festland eingehender zu erforschen. Das
Geschwader verliefs Cadix am 11. Mai 1502. Auf dieser Reise dürfte wahrscheinlich der greise, inzwischen längst in Mifsgunst gefallene Entdecker den
Boden von Central-Amerika etwa in der Gegend der Republik Honduras oder
in Nicaragua bei Gelegenheit einer nothwendigen Ausbesserung seines Schiffes
betreten haben. Dem offiziellen Akte der Besitzergreifung des Landes hat er
dagegen krankheitshalber sicher nicht beigewohnt.

[12]) Seite 11. Siehe die Anmerkung [7]) Seite 49.

[13]) Seite 11. Ueber die wahre Gröfse der Erde herrschten damals in der
That nur Vermuthungen. Es waren zwar im Alterthum, beispielsweise von
Eratosthenes, und später (um 827) von den Arabern, welche bekanntlich die
Vermittler der griechischen und altägyptischen Kultur- und Wissensschätze
für das Abendland, speziell zunächst für Spanien, waren, Erdmessungen auf
wissenschaftlich durchdachter Basis ausgeführt, die auch, wie es scheint, nicht
allzu falsche Werthe ergeben hatten, aber es waren diese Untersuchungen nur
wenig bekannt geworden; auch konnten die Resultate derselben natürlich auf
grofses Vertrauen noch keinen Anspruch erheben.

[14]) Seite 11. Fernando Colon, der älteste (natürliche) Sohn des grofsen
Seefahrers, war ein Mann von aufserordentlicher Begabung und vielseitigen
Kenntnissen. Er zeichnete sich zugleich als Geograph, Jurist und Dichter aus
und gründete die berühmte, nach Columbus benannte Bibliothek, welche
heute noch existirt und 35 000 Werke und 1600 Manuskripte enthält. Fernando
begleitete seinen Vater auf dessen vierter Reise nach Westindien und ging
drei Jahre nach dem 1506 eingetretenen Tode des letzteren nochmals dorthin.
Dem Fernando Colon verdanken wir auch die meisten uns überkommenen
Mittheilungen aus den Tagebüchern seines Vaters.

[15]) Seite 11. Die Uebersetzung dieser Stelle wurde aus der vorhin bereits
in Anm. 11 erwähnten Schrift von Gelcich Seite 381 entnommen.

4*

¹⁶) Seite 13. Auch waren offenbar wiederholt Eingeborene der polynesischen Inseln auf ihren Kähnen bis an die amerikanische Westküste verschlagen worden. Ethnographische und vergleichende Sprachstudien weisen deutlich auf verwandtschaftliche Züge zwischen diesen Insulanern und den mexikanischen und zentralamerikanischen Ureinwohnern hin.

¹⁷) Seite 13. Die ungemein kühnen Normannen, welche auf ihren kleinen, nur selten mit einem Segel versehenen Ruderbooten, deren oft mehrere Hundert zugleich auf Raubzüge ausgingen, ganz Europa in Aufregung versetzten, indem sie, die Flüsse hinaufrudernd, mächtige Städte, wie Paris, überrumpelten, hatten bereits 863 Island entdeckt und dort Kolonieen gegründet, die mit dem norwegischen Mutterlande in regelmäfsigem Verkehr standen. Von hier aus ging im Jahre 982 Erich der Rothe nach Grönland. Ein Sturm, welcher vier Jahre später Bjarni Herjulfson verschlug, brachte diesen zuerst in Sicht der Küsten des nordöstlichen Festlandes von Amerika. Sein Sohn Leif siedelte sich hier, etwa in der Hudsongegend, also unweit des gegenwärtigen New-York, zuerst an. Zwei bis drei Jahrhunderte lang hielt nun der Verkehr dieser Kolonieen mit Europa resp. Island an, bis durch innere Kämpfe mit dem beginnenden Verfall des Normannenreiches auch diese Ansiedlung um 1350 verlassen wurde. Runensteine, welche die Anwesenheit nordisch-europäischer Völkerschaften aufser Zweifel stellen, sind in Nordamerika bis zu 73° Breite aufgefunden worden.

Es sei hier schliefslich noch erwähnt, dafs wahrscheinlich die Gebrüder Zeni, berühmte Entdeckungsreisende, zwischen 1388 und 1404 von den Faröern aus Amerika erreicht haben.

¹⁸) Seite 14. Diese hier angedeutete Sage von einem weifshäutigen Messias war namentlich in den alten peruanischen Völkerstämmen verbreitet, welche mit den alt-mexikanischen in verwandtschaftlichen Beziehungen standen und ihren Einflufs auf die zwischenliegenden westindischen Inseln, welche Columbus auf seiner ersten Reise betrat, zweifellos geltend gemacht hatten.

¹⁹) Seite 14. Columbus hatte sich bekanntlich das Amt eines Vizekönigs über die entdeckten Länder ausbedungen. In Ausübung desselben entwickelte er jedoch offenbar wenig Geschick. Es hätte ja auch eines ganz aufserordentlichen organisatorischen Genies bedurft, unter so schwierigen und völlig neuen Verhältnissen hier ein Reich zu begründen. Die Dinge wuchsen Columbus über den Kopf, ohne dafs er begreiflicherweise seine Rechte fahren lassen wollte. So kam es, dafs, nachdem eine lange Zeit hindurch die spanische Regierung trotz der immer deutlicher hervortretenden Wirren auf den westindischen Inseln, völlig korrekt und in dankbarer Anerkennung ihre vertragsmäfsigen Pflichten Columbus gegenüber erfüllt und ihn mit allen erdenklichen Ehren überhauft hatte, sie endlich zum Einschreiten sich unumgänglich genöthigt fand, wenn sie nicht alle zukünftigen Vortheile durch die offenbare Mifswirthschaft vernichtet sehen wollte. Am höchsten hatte sich der durch stets bereite Neider noch geschürte Unwille der Regierung gegen Columbus während seiner dritten Reise gesteigert. Eingefügt mag hier als ein Mafsstab für die Gunst, in welcher Columbus jeweilig stand, werden, dass er auf seiner zweiten, am 25. September 1493 beginnenden Reise nicht weniger als 14 Karavellen und 3 Lastschiffe mit 1200 Mann Besatzung mit hinüber nahm, auf seiner dritten dagegen nur 6 Schiffe bewilligt erhielt, die am 30. Mai 1498 in See gingen. Diese verschiedenen Expeditionen hatten inzwischen bedeutende Summen gekostet, ohne dafs entsprechende Einkünfte aus jenem Lande einliefen, welches man von Gold förmlich strotzend geglaubt hatte. Ferdinand

der Katholische und dessen, C o l u m b u s so wohl gesinnte Gemahlin E l i s a b e t h, mussten sich deshalb endlich überzeugt halten, dafs der Vizekönig C o l u m b u s zu so schwierigen Regierungsgeschäften untauglich sei, und liefsen ihm dies mittheilen. C o l u m b u s selbst, wohl in der Ueberzeugung, seinerseits stets gethan zu haben, was Pflicht und seine geistigen wie äufseren Mittel ihm möglich gemacht hatten, bat selbst um Einsetzung eines unparteiischen Richters über diese Frage. Die Wahl fiel, recht unglücklich, auf F r a n z i s c o d e B o b a d i l l a, der 1499 auf Sant Domingo landete und dort im Uebereifer, ohne Befehl dazu zu haben, den Vizekönig sowohl wie seine Brüder D i e g o und B a r t o l o m é, welche sich mit ihm in die Regierungsgeschäfte theilten, in Fesseln legen liefs. So wurde der kühne Entdecker einer neuen Welt, der es auf dem Schiffe trotzig ausschlug, als man ihm dort die schmachvollen Ketten abnehmen wollte, nach Spanien zurückgeführt. Entrüstet über diese Behandlung, liefs hier der König dem C o l u m b u s sofort 2000 Dukaten schicken, um festlich bei Hofe erscheinen zu können. Hieraus geht wohl zur Genüge das grofse Wohlwollen und die objektive Stellung desselben zu dieser peinlichen Angelegenheit hervor. Man wählte einen gerechteren Richter in O v a n d o, der dem C o l u m b u s sein konfiszirtes Vermögen wieder zurückerstattete und seine westindischen Einkünfte geniefsen liefs, ohne jedoch ihm seine früheren Hoheitsrechte wieder zu verleihen. Mit 30 Schiffen ging nun am 13. Februar 1502 O v a n d o nach den neuen Kolonien ab, um dort Ordnung zu schaffen. Ihm folgte C o l u m b u s am 9. Mai desselben Jahres mit vier aus eigenen Mitteln ausgerüsteten Karavellen, wurde aber, am 29. Juni vor Sant Domingo ankommend, von O v a n d o verhindert, das Land zu betreten. Der Stern des C o l u m b u s war nun endgültig gesunken. Mit Krankheit geschlagen, zurückgestofsen von seinen Landsleuten, die ihm jenes Land verschlossen, das erst seine Thatkraft für die Welt erobert hatte, umherirrend auf morschen Fahrzeugen in unbekannten Gegenden, gerieth er endlich angesichts seiner sinkenden Schiffe in bitterste Noth. Der 12. September sah ihn zuletzt auf amerikanischem Boden. Anfang November kehrte er unbeachtet von der Welt nach Spanien zurück. Seine Gönnerin E l i s a b e t h starb inzwischen. Seine Bemühungen, seine Rechte wieder zu erlangen, blieben ohne Erfolg, besonders als der Vorschlag, seine westindischen Würden gegen Besitzungen in Kastilien einzutauschen, von ihm starrsinnig zurückgewiesen wurden. So starb endlich der grofse Entdecker am 21. Mai 1506 in Valladolid so arm und unbeachtet, als er geboren war. Mit eiserner Willenskraft hatte er sich zu königlicher Macht und Würde emporgeschwungen, diese selbe ausartende Unbeugsamkeit hat ihn wieder gestürzt. Auch noch im Tode hatten die Gebeine des vielgereisten Entdeckers noch lange Zeit keine Rast. Sie wurden 1513 nach Sevilla, um 1550 nach San Domingo, 1795 nach Havana gebracht, wo sie nun im dortigen Dome endlich Ruhe fanden.

Wie sehr es der spanischen Regierung daran gelegen war, eine legitime aber zugleich auch dauernd bestandfähige Regelung der Ansprüche des C o l u m b u s resp. seiner Erben herbeizuführen, geht ferner daraus hervor, dafs der König selbst nach dem Tode C h r i s t o p h s dessen einzigen rechtmäfsigen Sohn D i e g o aufforderte, einen Prozefs zur Klärung dieser Verhältnisse anzustrengen und der erbenden Familie zur Bestreitung der daraus entstandenen Kosten 4000 Golddukaten bewilligte. D i e g o wurde 1508 als Generalgouverneur der Kolonien anerkannt, führte aber die alte Mifswirthschaft weiter, so dafs wiederum nach einiger Zeit die Regierung nothwendig einschreiten mufste. Der inzwischen angestrengte Prozefs, welcher von 1508 bis 1564 geführt wurde, nahm nunmehr eine höchst merkwürdige Wendung. Die Erben der Pinzonen, welche bekanntlich die „Pinta" und die „Niña" auf der ersten Entdeckungsfahrt befehligt hatten, suchten durch eine Anzahl von Zeugen, die jedoch meist erst ein halbes Jahrhundert nach der bezüglichen Zeit auftraten und Erzählungen inzwischen verstorbener Matrosen des Columbus wiederholen mußten, darzuthun, Letzterer sei überhaupt gar nicht der Entdecker der neuen Welt gewesen. Er sei auf der Fahrt schließlich von großer Furcht überfallen worden und habe durchaus umkehren wollen, worauf sich einer der Pinzonen zornig am 11. Oktober mit seinem Schiffe von ihm getrennt und allein das erste Land entdeckt, sowie im Namen der Regierung Besitz von demselben ergriffen habe. Nun sei er zu den beiden anderen Schiffen zurückgekehrt, um diese hinzuführen. Die Beweisführung gelang nicht. Aber der Sohn des Diego, also Enkel des Columbus, Don Luis Colon, mußte nun doch endlich auf die Herrscherrechte in der neuen Welt verzichten. Er behielt nur den erblichen Titel eines Admirals von Indien, ferner noch den eines Herzogs von Jamaika, mit dem erblichen Familienbesitz der Insel selbst und 10 000 Golddukaten jährliche Rente. Don Luis Colon starb als Herzog von Veraguas 1572. Vier Jahre später erlosch überhaupt die männliche Linie der Columbus. Eine weibliche Linie, von einer Schwester des Don Luis ausgehend, besteht heute noch als die der Herzöge von Veraguas.

[20]) Seite 15. Der gesammte Flächeninhalt aller fünf Ertheile beträgt ca. 2,440,000 ☐Meilen. Davon entfallen auf Europa 180, auf Asien 810, Afrika 540, Australien 160 und Amerika 750 Tausend ☐Meilen.

[21]) Seite 15. Acht von diesen zwölf Kabeln stellen die Verbindung zwischen Großbritannien und Nord Amerika, zwei zwischen letzterem und Frankreich her; zwei endlich gehen von Portugal nach Südamerika.

[22]) Seite 16. Die transatlantischen Dampfer des Bremer Lloyd entwickeln zusammen eine Kraft von 184 000 Pferdekräften; dazu kommen noch 8 Dampfer. welche Fahrten nach England unternehmen, mit ca. 8000 und 20 Schlepp- und Flußdampfer mit ca. 4000 Pferdekräften. Um diese Maschinenpferde im Gange zu erhalten, beschäftigt der Lloyd ein Heer von 1700 Heizern und Kohlenziehern und 478 Maschinisten. 1400 Matrosen, und 1300 sonstige Bedienungsmannschaften sind auf seinen Schiffen thätig, die von 75 Kapitänen und 207 Offizieren geführt werden. Das gesammte Personal des Lloyd beläuft sich auf etwa 8000 Menschen.

Daß in der That sich heute der Bremer Lloyd die größte und für den Verkehr mit Amerika zweifellos wichtigste Schiffsgesellschaft der Welt nennen darf, auf die Deutschland mit großem Stolze sehen kann, geht aus den Zahlen hervor, welche den Postverkehr mit Amerika beziffern. Der Lloyd beförderte vom 1. Juli 1890 bis 30. Juni 1891 an Postsachen amerikanischen Ursprungs nach Europa: 130 Millionen Gramm Briefschaften und 541 Millionen Gramm Drucksachen, das ist mehr als ein Drittel der überhaupt von allen Dampferlinien zusammen beförderten amerikanischen Postsachen und mehr als das Doppelte der nächst größten Postlinie, der Cunard, welche in New-York ihren Sitz hat.

[23]) Seite 17. Welch enorme Mengen von Proviant hier vertilgt werden, ist gleichfalls höchst bezeichnend für die Ausdehnung dieses Geschäftsbetriebes. Der Lloyd verbraucht im Jahre rund $3^3/_4$ Millionen Pfund Fleisch und 900 Ochsen kommen lebend auf das Schiff und werden verspeist; und wie lustig man auf diesen Schiffen zu leben versteht, mag dadurch illustrirt sein, daß über 36 000 Flaschen Champagner und 200 000 Flaschen anderen Weines auf den Lloydschiffen im Jahre vertilgt werden, ungeachtet der $1^1/_2$ Millionen Liter Bier.

²⁴) Seite 18. Im Texte konnten der nothwendigen Kürze und Durchsichtigkeit des Vortrags wegen begreiflicherweise viele Darstellungen von Beobachtungsmethoden etc. nur ganz skizzenhaft umrissen werden, so dafs oft, nur um eine erste Idee von dem in Betracht kommenden Prinzip zu geben, die angeführten Details an betreffender Stelle den wahren Verhältnissen nicht immer völlig exakt entsprechen werden. Die vorliegenden Anmerkungen und Zusätze sollen in solchen Fällen erläuternd und ausführend den Text ergänzen. — In Bezug auf den Rothe Sand-Leuchtthurm ist zu bemerken, dafs rechts und links von dem im Texte erwähnten festen weifsen Leuchtfeuer ein blitzartig aufzuckendes Licht vom Thurme ausgeht, dem Schiffer zur Warnung, dafs er von seinem Wege abgewichen ist. Die verschiedenen Leuchtfeuer an der Wesermündung sind im Uebrigen so eingerichtet, dafs immer eines das andere kreuzt und der Schiffer also dem nächsten Leitstrahle bereits folgt, ehe ihn der bisher befahrene noch verlassen hat, der ihn noch dazu durch gewisse Lichtsignale auf die Nähe der betreffenden Wendepunkte der Kursrichtung rechtzeitig vorher aufmerksam macht. Eine Karte der Wesermündung, welche sich auch in unserm Physiksaal befindet und alle diese Lichtstrahle farbig ungemein klar aufgezeichnet enthält, sollte es dem Anschein nach beinahe, jedem Laien möglich machen, ein grofses Schiff bei Nacht von Bremerhaven in die offene See oder umgekehrt zu führen.

²⁵) Seite 18. Genau genommen eigentlich in der entgegengesetzten Richtung.

²⁶) Seite 18. Es giebt begreiflicherweise noch eine grofse Menge anderer Methoden der seemännischen Orientirung bei Land in Sicht, die in vorliegendem Vortrage überhaupt auch nicht andeutungsweise zur Sprache kommen können. Nur die am meisten charakteristischen wurden ausgewählt. Näheres hierüber findet man in dem Artikel des Herrn Admiralitätsrath Rottok: „Die Ortsbestimmungen und Hilfsmittel zur Führung eines Schiffes auf See"; in „Himmel und Erde", III. Jahrgang, Seite 245, 314 und 368 u. f.

²⁷) Seite 19. Der Tümmler (lat. phocaena communis) kann auch sehr lange im süfsen Wasser leben, da er ja als Säugethier durch Lungen nur Luft athmet. Er wagt sich deshalb gelegentlich in den Flufsläufen bis weit in das Land hinein und soll in der Elbe sogar schon bei Magdeburg gesehen worden sein. Man lese über das interessante Thier die Schilderungen in Brehms Thierleben (1891, III. Band, Seite 606).

²⁸) Seite 19. Ein Modell solcher Boje ist im Physiksaal der Urania aufgestellt, ebenso Leuchtthurmlaternen. Erstere sind von Pintsch in Berlin geliefert, welche Firma die Gasbeleuchtung unserer Eisenbahnwagen erfunden und unter anderen Seewegen auch den Suezkanal seinerzeit beleuchtet hat. Eine Karte des letzteren mit seinen Leuchtfeuern befindet sich gleichfalls im Physiksaal. — Die Leuchtthurmlaternen etc. sind theils von Picht in Rathenow, theils von Ludolph in Bremerhaven geliefert.

²⁹) Seite 20. Den Schiffer begleitet stets ein ungemein wichtiges Buch „Die Leuchtfeuer der Erde" von W. Ludolph herausgegeben, welches alle nöthigen Angaben betreffs der Feuer- resp. auch Schallsignale sämmtlicher Leuchtthürme der Erde enthält. Jeder Leuchtthurm unterscheidet sich von seinen Nachbaren schon bei Tage durch die Gestalt, Bauart und durch farbige Streifen, die ihn umgürten, bei Nacht, wo er als Wegweiser seine besondere Bedeutung erhält, durch die ihm eigene Art der Befeuerung, die ihn durch die Farbe des Lichtes (weifs, roth oder grün, diese Farben auch abwechselnd) und durch die Art des Lichtes mit oder ohne Verdunkelung (Blink-, Blitz-, Dreh-, Funkel- oder festes Feuer) sofort kenntlich macht. Schon oben (Anm. 24) sahen wir, wie die Leuchtfeuer durch besondere Einrichtungen dem Schiffer

auch ein Abweichen vom sicheren Wege kund thun; gelegentlich giebt das Feuer auch noch besondere Zeichen, durch welche es die Schiffe über verschiedene wichtige Dinge, z. B. den jeweiligen Flutstand unterrichtet, wo, wie im Hafen von Calais, das Befahren gewisser Gebiete bei Ebbe für größere Schiffe gefährlich werden kann. Am Leuchtthurm von Calais kann man deshalb schon aus weiter Ferne ersehen, wieviel Meter Wasserstand zur Zeit im Hafen beobachtet werden. — Das oben genannte Buch giebt auch die Höhe des Thurmes sowie die Anzahl von Seemeilen an, in welcher das Leuchtfeuer zuerst am Horizonte auftaucht oder verschwindet.

³⁰) Seite 20. Eine andere Methode kann den Ort des Schiffes auch ergeben, wenn man sich in dem Leuchtkreise nur eines Feuers befindet, auch wenn man dasselbe nicht, wie es weiter oben im Texte dargestellt wurde, am Horizonte beobachtet hat. Zu diesem Zwecke peilt man das Feuer zunächst aus einem vorläufig noch unbekannten Schiffsorte und zieht die betreffende Standlinie auf der Seekarte. Dann läuft man nach dem Kompaß seinen Kurs eine Strecke weiter und mißt durch später noch anzugebende Instrumente die Länge des zurückgelegten Weges bis zu einem anderen beliebig zu wählenden Orte, von welchem aus man noch einmal eine Peilung des Feuers vornimmt. Man zieht diese zweite Richtungslinie auf der Seekarte durch den Leuchtthurm. Nun befindet sich auf der letzteren stets die Kompaßrose in ihrer mißweisenden Lage aufgezeichnet. Man bringt ein besonders konstruirtes Lineal, das parallel zu einer beliebigen Richtung auf der Karte zu verschieben ist, und mit welchem wir auch schon vorhin die Peilrichtungen aufgetragen haben, nunmehr in die gewählte Fahrtrichtung zwischen den beiden Standorten, zirkelt sich auf dem Lineal die zurückgelegte Strecke in der Verjüngung der Seekarte ab und sieht nun, wo diese Strecken sich in der gegebenen Richtung in die beiden vorhin aufgezeichneten Peilungslinien des Feuers einfügen lassen. Die so entstehenden Schnittpunkte geben die Schiffsorte für beide Peilungen. Ein Parallellineal, wie es zu diesem Zwecke auf See angewendet zu werden pflegt, sowie eine Seekarte des atlantischen Ozeans liegen im Physiksaal aus.

³¹) Seite 21. Das Unglück ereignete sich im Sommer 1892 auf offenem Ozean. Das Lloydschiff „Trave", welches den Segler durchschnitt, trug nur einige Beulen davon und konnte ungestört seine Reise nach Bremerhaven fortsetzen.

³²) Seite 22. Die Nebel im Kanal haben mit denen von London einen wesentlich anderen Charakter als die etwa dem Gebirgsreisenden bekannten. Sie sind nicht weiß, sondern oft bräunlich roth, dick, zuweilen trocken wie Rauch. Der Himmel wird tief schwarz, oder nimmt höchstens in der Gegend, wo sich die Sonne befindet, eine blutig rothe Färbung an. Die hauptsächliche Ursache der häufigen Nebelbildung ist hier die enge Wasserstraße zwischen zwei großen Landgebieten, deren eines, England, durch die gewaltige Rauchentwicklung seiner großen Städte und Fabrikanlagen, diese Nebelbildung noch besonders erheblich unterstützt. Die Luft sättigt sich zunächst mit Feuchtigkeit, wenn im Sommer warme Winde vom Lande her über die kühlere Wasserstraße streichen, umgekehrt im Winter, wenn die wärmere Wasserfläche den ausgleichenden Luftstrom ins Land schickt. Der Wassergehalt der Luft sucht sich niederzuschlagen, wo es angeht, und findet einen höchst willkommenen Anhaltspunkt in den Rauchpartikelchen, welche hier überall die Luft durchsetzen. Ueber „Stadtnebel", ihre Ursachen und die Versuche, ihrem Auftreten vorzubeugen, lese man den Artikel im IV. Jahrgange unserer Zeitschrift „Himmel und Erde" Seite 433.

³³) Seite 22. Von anderen Methoden der Geschwindigkeitsmessung wird weiter unten ausführlicher gesprochen werden.

³⁴) Seite 25. Die bei Aufführung des vorliegenden Vortrags auf der Szene unseres Theaters erscheinenden Landschaften sind sämmtlich aus Studien hervorgegangen, welche unsere Herren Harder und Kranz an Ort und Stelle machten. Einige der bei dieser Gelegenheit entworfenen Skizzen, auch solche, welche später nicht zur Ausstattung des Vortrags verwendet wurden, sind in unserer Anstalt ausgestellt. Unter diesen befindet sich auch die im Text geschilderte Landschaft von Freshwater Bay.

³⁵) Seite 25. Auch eine, diese Furchen veranschaulichende Skizze ist in unserer Anstalt ausgestellt.

³⁶) Seite 26. Kaum ein charakteristischeres Bild von der Denudation der Meereswogen kann es geben, wie diese Needles. Die grofsen Stürme kommen bekanntlich alle von Westen her und treiben die Wogen in den nach Osten immer enger werdenden „Aermelkanal", wo sie sich dann zu ungeheurer Fluthwirkung anhäufen. Die Westseite von Wight ist diesem Anprall zuerst ausgesetzt. Sie hat sich deshalb als Wogenbrecher keilförmig zuspitzen müssen. So haben auch die Needles selbst eine keilförmige Grundfläche: Nach Westen hin laufen sie ganz spitz zu, ihre langen Seiten dagegen nach Norden und Süden wendend.

³⁷) Seite 28. Es mag an dieser Stelle ein ernstes Mahnwort Platz finden. Die Akten über die Strandung der Eider sind noch nicht völlig geschlossen, und es liegt uns deshalb fern, eine bestimmte Meinung über die Ursachen derselben auszusprechen oder einen Schuldverdacht nach irgend einer Richtung hin zu äufsern. Aber der Fall, dafs ein Kapitän, der seines Schiffsortes gerade an dieser Stelle nicht völlig sicher ist, dennoch, etwa mit halber Geschwindigkeit im Nebel weiterfährt in der Hoffnung, bald ein orientirendes Seezeichen zu entdecken und dann die wenigen Stunden früher in Southampton einzutreffen, die er anderenfalls hätte warten müssen, bis eine sichere Orientirung ausführbar wurde, wir meinen, dieser Fall ist heute sehr leicht denkbar, wo die verschiedenen Schifffahrtsgesellschaften einen gar bedenklichen Sport in der Ueberbietung an Schnelligkeit der Ueberfahrt treiben. Ganz gewifs gilt gerade hier mehr wie irgend wo sonst der Spruch „Zeit ist Geld", denn jede Stunde verschlingt ja, wie wir wissen, Hunderte von Mark allein an Kohlen und an Bord befinden sich hundert und mehr Personen, deren Einflufs in wenigen Stunden sehr grofse Werthe in Umsatz bringt, Kräfte, die auf dem Meere latent bleiben müssen; endlich sind viele Tausende von Briefschaften, welche von den Empfängern mit Spannung erwartet werden, an Bord. Aber all diese Dinge wiegen die Anforderung absoluter Sicherheit nicht auf. Man sollte deshalb den Mittheilungen darüber, dafs dieses oder jenes Schiff einer Rhederei so und so viel Stunden früher als das einer anderen die Ozeanfahrt zurückgelegt hat, keinen allzu hohen Werth beimessen. Es ist dabei stets die Befürchtung naheliegend, dafs durch Ueberanstrengung oder nicht in jeder Weise völlig genügende Beachtung aller Vorsichtsmafsregeln dieses Resultat erzielt ist, um in dieser einseitigen Richtung die Konkurrenz einer anderen Schifffahrtsgesellschaft aus dem Felde zu schlagen. Jene wenigen Stunden aber, so werthvoll sie in diesem Falle auch sind, können niemals den ganz unberechenbaren Werth sorgfältigster Führung nach jeder Richtung hin aufwiegen. Diese rennsportartige Ueberbietung an Geschwindigkeit, gewissermafsen auf einige „Nasenlängen" Vorsprung, welche jetzt verschiedene Schiffsgesellschaften betreiben, macht nothwendig, angesichts der ungeheuren Verantwortlichkeit, welche hier mit im Spiele ist, einen geradezu beängstigenden Eindruck.

³⁸) Seite 29. Es mag vielleicht hie und da einen gastronomischen Leser interessiren, die „Speiseordnung" auf einem Lloydschiff kennen zu lernen

die zugleich einen Beleg dafür bietet, welche enorm grofsen Voraussetzungen man dort über die auf See unglaublich gesteigerte Magenthätigkeit (nota bene wenn man nicht seekrank ist) zu machen pflegt. Wir entnehmen hierüber Folgendes aus einer bezüglichen Veröffentlichung: Von 6—8 früh Kaffee, Thee oder Chokolade mit dreierlei Brod und Butter oder Kuchen nach Belieben. Von 8—10 erstes Frühstück, 2—3 Fleischgänge, Schinken und Eier in jeder Form, Fruchtgelees, Früchte, Kaffee, Thee oder Chokolade. Um 11 Uhr beim Promenadenkonzert an Deck auf Verlangen Bouillon, Kaviar, Sardellen. Um 1 Uhr Lunch: Bouillon oder Suppe, 2 Fleischgänge, etwa 20 verschiedene Delikatessen, Konditorwaaren. Nachmittags 4 Uhr Kaffee oder Thee mit Gebäck. Um 6½ Uhr Abends Hauptmahlzeit mit Tafelmusik. Diese setzt sich aus 8—10 Gängen zusammen. Um 9 Uhr Abends Thee und Butterbrod. Man sieht, es wird fast fortwährend gegessen und eine nützlichere Beschäftigung giebt es in der That kaum an Bord.

Selbstverständlich ist der Speisesaal nicht der einzige luxuriös ausgestattete Raum des Schiffes. Ueber ihm befindet sich in der Regel der Damensalon, der ein wahrer Schmuckkasten an feinem Geschmack und kostbarster Ausstattung ist. Ueberall befinden sich sinnreiche Wandgemälde, Porzellanmalereien, reiche Holzschnitzereien und Stuckarbeiten. Der Rauchsalon ist in den Farben einfacher, dafür um so gemüthlicher. Auf den neueren Dampfern befinden sich deren in der ersten Kajüte zwei. Hier wird eifrig „Skat gedroschen", Schach gespielt u. s. w. Entsprechend sind auch die Kajüten selbst mit allem Komfort ausgestattet. Sie sind zu wirklichen kleinen Zimmern mit Tisch, Sopha, Wandschrank geworden. Die Waschtoilette, welche, wie in jedem Hotel, Wasserleitung besitzt, kann aufgeklappt werden und verschwindet dadurch gänzlich in der Wand; die Betten können verhängt werden. So macht das schmucke Zimmerchen mit seinen weifsen Wänden und grün gepolsterten Möbeln einen gar wohligen Eindruck. Selbstverständlich befindet sich auch hier elektrisches Licht, das man die ganze Nacht nach Belieben brennen lassen kann und elektrische Klingelleitung für die Bedienung. Tritt man von hier in den langen Korridor, in welchen die Kabinen münden, so nimmt man durchaus den Totaleindruck mit, als befinde man sich in einem weitläufigen, eleganten Hôtel, aber in einem Hôtel ohne die typischen Kellnergesichter und Dienerkreaturen. Die „Stewarts", welche uns bedienen, haben, wie alle Bediensteten des Lloyd jenen bieder freundlichen, zutraulichen Charakterzug des Seemannes, welcher sie uns sogleich zu Freunden macht.

³⁹) Seite 30. Nach sorgfältigen Beobachtungen wird ein weifser Gegenstand bei ca. 30 m Tiefe unter der Meeresoberfläche unsichtbar. Die gröfste Tiefe, in welcher man bei ähnlichen Versuchen jemals einen Gegenstand verschwinden sah, betrug 59 m. Diese Zahlen sagen natürlich nichts über diejenige Tiefe aus, bis zu welcher das Licht überhaupt in das Meer eindringt, sondern giebt nur an, bis zu welcher Grenze unser relativ wenig empfindliches Auge noch einen Lichteindruck von dort her empfängt. Die viel empfindlichere photographische Platte hat dagegen gezeigt, dafs das Licht viel tiefer in die Meeresfluthen eindringt, so dafs unter Umständen selbst noch in 550 m Tiefe unter der Oberfläche die Platte geschwärzt werden kann. Man lese hierüber den Artikel in „Himmel und Erde" I. Jahrg. Seite 594 u. f.

⁴⁰) Seite 31. Der atlantische Ozean senkt sich durchschnittlich bei weitem nicht so tief herab, wie das tiefste aller Meere, der stille Ozean. Die im Text angeführte gröfste überhaupt beobachtete Tiefe liegt unter 19°39′ N. Br. und 66°26′ W. Lg. Ueber die Bildung der Ozeanbecken, die in nahem genetischen Zusammenhange mit der der Gebirge steht, hält Herr Dr. Schwahn gelegentlich

Vorträge in der Urania, auch ist andeutungsweise in unserm grofsen Vortrage „Das Antlitz der Erde" davon gesprochen. Letzterer bildete No. 9 unserer „Sammlung populärer Schriften, herausgegeben von der Gesellschaft Urania"

[41]) Seite 31. Die Temperatur des Meerwassers sinkt mit der Tiefe bekanntlich in allen Breiten sehr beträchtlich und erreicht selbst in der heifsen Zone da, wo der Meeresboden nach den Polargegenden hin eine freie Zirkulation des Wassers gestattet, schon bei wenigen hundert Metern Tiefe den Nullpunkt, unter welchen es bei gröfseren Tiefen noch bis auf — 0°.6 herabsinken kann. Der Grund hiervon ist einerseits die gröfsere Schwere des kalten Wassers, welche sein beständiges Niedersinken bedingt, andererseits eine beständige Strömung desselben auf dem Meeresboden, welche von den Polen nach dem Aequator gerichtet ist. Wo diese Strömung durch unterseeische Barrieren gehemmt ist, wie beispielsweise eine solche zwischen England und Grönland vorhanden ist und dem kalten Strome des Polarmeeres den Zugang in den atlantischen Ocean erschwert, bleibt die Temperatur noch in gröfseren Tiefen auf derjenigen Höhe, welche auf der Kuppe jenes trennenden Bergrückens unter dem Meere herrscht. Dadurch wurde der atlantische Ocean ein Wärmereservoir von grofser Bedeutung für unsere klimatischen Verhältnisse. Während dort beispielsweise bei 1000 m Tiefe noch etwa 6° Wärme angetroffen werden, sinkt dieselbe im grofsen Ocean selbst unter dem Aequator oft bei 50 m Tiefe schon um mehr als 10° unter die Temperatur der Oberfläche und beträgt oft in mittleren Breiten bei 100 m Tiefe nur noch 1° C. Sehr interessant verhält sich in dieser Hinsicht das mittelländische Meer, welches von der Wasserzirkulation des atlantischen Ocean durch die nur 350 m tiefe Meerenge von Gibraltar getrennt ist. Die Temperatur des Mittelmeeres sinkt deshalb niemals unter die, welche man in der genannten Tiefe des atlantischen Oceans findet, 14°, obgleich das Becken natürlich stellenweise ganz bedeutend gröfsere Tiefen aufweist, die im benachbarten Ocean beträchtlich niedrigere Temperaturen besitzen. Diesem Umstande verdankt das Mittelmeer seine eigenartige, üppige und reiche Thierwelt.

[42]) Seite 34. Da der Einflufs des Erdmagnetismus auf die Lage der magnetischen Pole des Schiffes mit dem Winkel, welche das letztere zum magnetischen Meridian bildet und mit der Gröfse der erdmagnetischen Kraft überhaupt sich ändern mufs, so ist die Berücksichtigung desselben für den Kurs des Schiffes durchaus keine einfache. Es mufs eine sorgfältige Untersuchung des Kompasses, zunächst im Hafen, dann aber auch eine dauernde Kontrolle während der Fahrt durch Peilung der Sonne oder anderer geeigneter Gestirne, deren Lage zum wahren Meridian man jederzeit genau kennt, stattfinden.

[43]) Seite 35. Näheres hierüber kann man in der bereits in Anmerkung 26 zitirten Schrift nachlesen.

[44]) Seite 35. Die Schraube macht also auf ihrer siebentägigen Fahrt, ohne jemals inzwischen auch nur einen Augenblick anzuhalten, bis zu dreiviertel Millionen Umläufe, eine ganz gewaltige maschinelle Leistung.

[45]) Seite 36. Von der Entstehung und Ausbreitung der Cyklone handelt ein Theil unseres grofsen, decorativ ausgestatteten Vortrages: „Die Werke des Wassers", welcher als No. 3 der „Sammlung populärer Schriften herausgegeben von der Gesellschaft Urania", erschienen ist.

[46]) Seite 37. Solche Eisberge, welche sich von den Grönländischen, bis ins Meer hinabreichenden, Gletschern im Sommer abreifsen, können bekanntlich oft ganz ungeheuere Dimensionen annehmen. Nach Rink in Christiania, welcher

in „Himmel und Erde" III. Jahrg. Seite 293 u. f. einen interessanten Artikel über „Die Eisdecke Grönlands als ein Rest der Glacialzeit unserer nördlichen Erdhälfte" veröffentlichte, können solche Eisberge bis zu 400 Fuſs über die Meeresoberfläche emporragen. Dabei liegt bekanntlich der gröſste Theil des schwimmenden Berges unter dem Wasser. Man erhält die Gröſse des ganzen Eisblockes erst, wenn man den Inhalt des über das Wasser emporragenden Theiles mit 8$^1/_2$ multiplizirt. Man trifft Kollosse an, die über 1000 Millionen Kubikfuſs Inhalt haben.

[47]) Seite 38. Wir glaubten, durch die gewählte Art der Darstellung den ganz unvorbereiteten Laien auf dem kürzesten und klarsten Wege das Prinzip der geographischen Ortsbestimmung zu veranschaulichen. Der Eingeweihtere weiſs, daſs in der Regel gerade umgekehrt verfahren werden muſs, d. h. die Breite um Mittag, die Zeit resp. Länge dagegen bestimmt wird, wenn sich die Sonne unweit des Horizontes befindet. Um die Gründe hierfür anzugeben, hätten wir uns im Texte zu sehr auf mathematische und astronomische Betrachtungen einlassen müssen, die dort nicht am rechten Platze gewesen wären. — Für den Seemann tritt hier noch die weitere Schwierigkeit hinzu, daſs zwischen Breiten- und Längenbestimmung oft mehrere Stunden Zeit vergehen, während welcher das Schiff seinen Ort verändert. Der Weg des Schiffes, durch die mechanischen Methoden mit Kompaſs und Geschwindigkeitsmessung bestimmt, muſs dann gleichfalls in Rechnung gezogen werden. Ueber die verschiedenen Methoden der astronomischen Ortsbestimmung zur See findet man eingehendere Auseinandersetzungen in dem bereits mehrfach zitirten Artikel von Rottok in unserer Zeitschrift „Himmel und Erde."

[48]) Seite 39. Es sind Bakterien, glücklicherweise solche ohne zerstörenden Einfluſs auf den menschlichen Organismus, welche das Meerleuchten erzeugen. Man kann dieselben, wie andere Bakterien, in Reinkulturen züchten und dadurch eine im Dunkeln leuchtende Substanz erzeugen. In der Urania waren seinerzeit solche Reinkulturen ausgestellt.

[49]) Seite 40. Lothapparate nach dem Prinzip von Sir William Shomson, dem gröſsten Wohlthäter der Seefahrt durch die Erfindung vieler werthvoller, jetzt unentbehrlicher Instrumente, von Ludolph in Bremerhaven und von Bamborg in Friedenau sind mit vielen anderen nautischen Instrumenten vorübergehend in unserer Anstalt ausgestellt. Eine Beschreibung derselben ist ihnen beigegeben. Es sind dort auch Proben des Meeresgrundes ausgestellt mit Beifügung des geographischen Ortes, in welchem sie gehoben wurden. Die Verschiedenartigkeit dieser Proben je nach ihrem Fundorte ist augenfällig.

[50]) Seite 40. Long-Island ist eine lang ausgedehnte Insel. Derjenige Theil, welcher von ihr zuerst bei unserer Fahrt auftaucht, wird Fire-Island genannt.

[51]) Seite 41. Den transatlantischen Dampfern der verschiedenen Linien ist ein bestimmter Kurs vorgeschrieben, welcher, um die Sicherheit auf See zu erhöhen, für die Hin- und Rückfahrt verschieden ist. Es mag hier interessiren, die Mittagsorte und Seemeilenzahl ihrer täglichen Bewegung anzugeben, welche die „Spree" auf einer Hin- und einer Rückfahrt verzeichnete:

Hinfahrt:

Needles, 3. August 1892, 4³/₄ Uhr Nachmittags passirt.

Datum.	N. Breite.	W. Länge von Greenwich.	Meilenzahl bis Mittag.	Summe von den Needles.
4. Aug. Mittags	49° 56'	10° 37'	362	362
5. „ „	50 38	22 23	453	815
6. „ „	49 11	33 38	444	1259
7. „ „	47 5	44 25	450	1609
8. „ „	44 13	54 19	450	2259
9. „ „	41 43	64 1	452	2611
10. „ „	bis Sandy Hook		452	3063

Sandy Hook, 10. August, 11 Uhr Vormittags passirt.

Fahrzeit: 6 Tage, 18 Stunden, 15 Minuten; mit Berücksichtigung der Zeitdifferenz: 6 Tage, 23 Stunden, 5 Minuten.

Rückfahrt:

Sandy Hook, 13. September 1892, 12 Uhr Mittags passirt.

Datum.	N. Breite.	W. Länge.	Meilenzahl.	Summe.
14. Sept. Mittags	41° 13'	65° 12'	398	398
15. „ „	44 6	56 35	418	816
16. „ „	46 2	47 8	417	1233
17. „ „	48 24	37 16	427	1660
18. „ „	49 35	26 32	428	2088
19. „ „	49 58	15 30	428	2516
20. „ „	49 69	4 33	425	2941
20. „	5 Uhr 30 Min. früh Needles passirt		125	3066

Needles, 20. September, 7¹/₂ Uhr Nachmittags passirt.

Fahrzeit: 7 Tage, 6 Stunden, 25 Minuten; mit Berücksichtigung der Zeitdifferenz: 7 Tage, 1 Stunde, 35 Minuten.

Wilhelm Gronau's Buchdruckerei, Berlin W.